주제 중심의 시민교육 방법 탐색

이 저서는 2019년도 교육부와 한국연구재단의 지원을 받아 수행된 연구임
(NRF-2019 H1G1A1071300).

주제 중심의 시민교육 방법 탐색

푸른길

우리는 코로나19 바이러스를 경험하면서 모두가 함께 연대하고 존중하지 않으면 개개인은 너무도 나약한 존재라는 사실을 깨닫고 있다. 우리는 코로나19 바이러스만큼이나 우리 공동체 안에 잠재하고 있는 무지와 이기심도 극복해 내야 할 적임을 새삼 인식하였다. 공동체의 구성원으로서 더불어 살아가도록 하는 시민교육의 중요성이 여기에 있다. 시민교육은 인류 공동체를 넘어서 환경 공동체에 이르기까지 우리가 주체적인 삶을 지향하면서도 타자의 삶을 존중하도록 하는 의식이나 사고를 갖게 하기 때문이다.

시민교육은 인류가 닥친 문제를 해결하는 보편적인 대안교육이 될 수 있다. 인권의 존중에서부터 세계시민정신에 이르기까지 폭넓은 지평을 가지고 있는 시민교육은 공동체를 위한 가장 기본적인 교육이다. 시민교육의 원형질은 거대한 담론이나 이념에 있지 않고 원초적인 삶의 지혜에 있다. 네가 있어 내가 있다는 아프리카의 우분투 정신이 그 대표적인 표본이다. 이의 근본 사고는 나와 타자의 공생과 공유이다. 더 나아가 타자의 삶에 대한 공감이고, 공감의 적극적인 실천인 관용이다. 시민교육은 우리 안에 존재하는 더불어 사는 삶을 위한 원형질을 끌어내어 타자와 환경 등과 함께 잘 살아 보자고 말을 건네는 징검다리 역할을 한다. 자연스럽게 시민교육의 영역은 지식교육을 넘어서 공동체 사회, 네트워크 사회, 그리고 글로벌 시민 사회를 지향하는 교육으로 확장한다.

시민교육은 미리 닥쳐온 우리 교육의 미래이다. 시민교육을 통하여 익숙한 우리의 일상 속에 존재하는 우리 사회의 모순을 찾아서 그 안에 있는 차별을 개선해 나갈 필요가 있다. 우리는 코로나19 바이러스를 체험하면서 우리 안의 모순, 무지, 편견, 아집 등을 떨쳐 내고, 보다 더 정의롭고 포용적이고 지속가능한 세계를 만드는 데 참여하도록 하는 시민교육의 소중함을 깨닫고 있다. 시민교육의 꽃은 참여에 있다. 참여는 곧 연대를 지향한다. 시민교육은 코로나19 바이러스 등과 같이 전염병에 감염된 세계에서도 함께 연대하여 해결책을 찾으며, 우리가 겪는 고통 또한 넉넉하게 극복할 수 있는 길을 제시해 주고 있다. 특히 시민교육은 미래세대가 민주시민으로서의 태도와 가치를 가지고 사회 문제에 참여하며, 또 문제를 해결하는 데 있어서 실천적 주체자로 성장하는 데 매우 중요한 역할을 할 것이다.

본서는 6개의 주제를 중심으로 시민교육이 나아갈 방향과 실천 방법을 탐색하고 있다. 시민교육의 주요 주제인 인권시민성, 생태시민성, 미디어시민성, 세계시민성, 디지털시민성 그리고 인성시민성을 중심으로 시민교육의 방향과 실천을 다루고 있다.

1장은 인권교육을 통한 민주시민교육을 다루고 있다. 여기서는 민주주의와 민주시민교육의 관계, 민주시민교육의 정의와 교육 내용, 민주시민교육과 인권교육의 관계, 그리고 인권교육을 통한 민주시민교육의 실천 방안을 제시하고 있다.

2장은 생태적 시민성과 시민교육을 다루고 있다. 여기서는 생태계 위기와 생태적 시민성의 요구, 지속가능 발전의 지속가능성, 지속가능한 발전을 위한 환경교육의 한계, 지속가능한 생태 시민교육의 탐색, 그리고 생태적 시민성과 민주시민교육을 제시하고 있다.

3장은 의사소통교육과 시민교육을 다루고 있다. 여기서는 인간 의사소통의 특성과 교육의 필요성, 시민의 정체성과 미디어 리터러시, 배려적 사고를 반영한 의사소통 과정 모형, 그리고 시민교육을 위한 의사소통교육의 방향을 제시하고 있다. 본고는 참고문헌에 제시한 서현석(2007), 서현석(2016), 서현석(2019)의 논문 내용을 토대로 집필되었다.

4장은 아프리카 우분투 정신을 통한 세계시민교육의 실천이다. 여기서는 우분투 정신을 통한 세계시민교육의 가능성, 아프리카 우분투 정신에 대한 이해, 아프리카 우분투 정신에서 본 세계시민교육, 그리고 아프리카 우분투와 세계시민교육 실천을 제시하고 있다. 본고는 참고문헌에 제시한 이경한(2017)의 논문을 재구성하였음을 밝혀 둔다.

5장은 인공지능을 활용한 디지털 시민교육을 다루고 있다. 여기서는 인공지능의 개념, 인공지능 사회에서의 교육, 그리고 인공지능과 디지털 시민교육을 제시하고 있다.

마지막으로 6장은 교육 봉사 활동을 통한 세계시민의 인성 계발을 다루고 있다. 여기서는 교육 콘텐츠 개발·보급 사업의 배경, 교육 콘텐츠 개발·보급 사업의 정의와 장점, 교육 콘텐츠 개발 사업의 실제, 문제가 될 수 있는 점과 보완 방법, 그리고 교육 봉사 활동을 통한 세계시민의 인성 계발 방향을 제시하고 있다. 본고는 참고문헌에 제시한 김성한(2020)의 논문을 재구성하였음을 밝혀 둔다.

이 책은 교육부와 한국연구재단의 지원을 받아 예비 교사의 시민교육역량을 강화하기 위한 전주교육대학교 시민교육역량강화사업단의 사업 일환으로 출판되었다. 전주교육대학교에서 시민교육을 주도적으로 시행하고 있는 교수들이 중심이 되어 원고를 작성하여 책을 제작하였다. 본서가 학교 안팎에서 실시되고 있는 시민교육을 보다 더 적극적으로 실천하는 데 조금이라도 기여할 수 있길 바란다. 그리고 본서를 편집하고 제작해준 푸른길 출판사 관계자들께도 감사 인사를 드린다.

2021년 2월
저자들을 대표하여
이경한

| 차 례 |

1장

인권교육을 통한 민주시민교육

박상준

전주교대 사회교육과

1. 민주주의와 민주시민교육은 어떤 관계인가?

　한 사회의 역사와 전통에 따라 민주주의는 다양하게 발전해 왔다. 그래서 민주주의가 무엇인가에 대한 인식은 사회마다 다양하다. 개인의 자유를 보장하기 위한 정치제도로 민주주의를 채택한 자유 민주주의, 모든 사람의 평등을 강조하는 사회 민주주의, 정치적 민주주의, 경제적 민주주의 또는 산업 민주주의, 직접 민주주의와 간접 민주주의(대의 민주주의), 추첨 민주주의 등 민주주의가 어떤 영역에서 어떻게 실현되는가에 따라 매우 다양한 형태로 나타난다. 심지어 북한도 민주주의를 실시하고 있다고 주장하며, 공식적인 국가 명칭이 '조선민주주의인민공화국'이다.[1]

---

1) 진짜 민주주의와 가짜 민주주의를 구별하는 기준이 무엇이고, 이 기준에 기초하여 북한을 진짜 민주주의 국가라고 할 수 없는 이유는 다음의 책을 참고하세요.

그래서 칼 베커는 민주주의를 '개념상 여행용 가방(a kind of con-ceptual gladstone bag)'과 같다고 비유했다(Becker, 1941: 4-5). 즉, 민주주의가 가리키는 정확한 대상이 명확하지 않기 때문에, 어떤 사회 현상이라도 민주주의라는 가방에 집어넣을 수 있다는 것이다.

하지만 정치체제로서 민주주의는 왕, 귀족, 부자 등의 지배에 반대되는 것으로 민중에 의한 지배(government by the people)를 의미하고, 또한 왕, 황제, 독재자 등 한 사람의 지배에 반대되는 것으로 다수에 의한 지배(government by the many)를 의미했다(Becker, 1941: 6-7). 왕 한 사람이 국가 권력을 갖고 통치하는 '군주정치', 소수 귀족 계급이 국가 권력을 갖고 지배하는 '귀족정치'와 구별하여, 민주정치는 '다수의 민중들'이 국가 권력을 가지고 지배하는 정치체제를 가리킨다. 국가의 중요한 정책을 결정하고, 고위 공직자를 선출하며, 법률을 만들거나 예산을 정하는 국가 권력이 왕과 귀족이 아니라 '일반 민중'에게 있는 정치체제가 바로 민주주의이다(박상준, 2020a: 29).

한마디로 민주주의(democracy)는 왕 또는 소수의 귀족, 부자 계급이 아니라 다수 시민이 지배하는 체제이다. 민주주의는 시대와 사회에 따라 다양하게 이해되었지만, '정치체제로서 민주주의'는 다음과 같은 공통된 특성을 갖고 있다(박상준, 2020a: 31).

- 왕, 귀족, 부자 계급이 아니라 '일반 시민'이 주권을 갖고 지배하는

박상준(2020). 『역사와 함께 읽는 민주주의』. 한울. 85-92쪽.

정치체제.
- 소수가 아니라 '다수 또는 전체' 시민이 지배하는 체제.
- 통치자의 '임기와 연임을 제한함'으로써 독재와 권력 남용을 방지하는 체제.
- 국가 권력의 목적이 개인의 기본적 권리 보장, 사회의 공공선과 정의의 실현인 체제.

그런데 민주주의는 고대 아테네에서 170년(기원전 506~기원전 338)정도 실시된 이후 역사에서 사라졌다. 그러다가 18세기 시민혁명을 통해 민주주의가 다시 시작되었다. 기존에 국가 권력을 독점하던 왕이나 소수 귀족뿐만 아니라 상공업을 통해 부를 축적한 사람들, 즉 부르주아 계급이 지배에 참여할 권리를 새로 얻었다. 불과 100년 전만 해도, 국가 구성원의 대다수를 차지하는 평민 또는 민중은 지배에 참여할 수 없었고 단지 통치의 대상으로 간주되었을 뿐이다. 왕 한 사람이 국가 권력을 소유하고 지배했으며, 대다수 사람들은 왕에 종속된 신하와 백성, 즉 신민(臣民)이었다. 그 후 노동자, 여성, 흑인 등이 100여 년에 걸쳐 참정권 운동을 통해 '점진적으로' 정치에 참여할 권리를 얻어서 일정한 연령 이상의 남녀가 모두 동등하게 선거에 참여하는 보통선거 제도가 확립되었다(박상준, 2020a: 73-74).

이처럼 봉건제 사회의 '농노'와 군주제 국가의 '백성' 또는 국민(國民)에서 민주주의 국가의 주권자로서 '시민(市民)'으로 성장하는 데 몇백 년의 시간과 많은 사람들의 노력과 투쟁이 필요했다. 농노나 백성과 달리, 시민은 민주주의 국가에서 통치자에 종속된 신분이 아니라 국가의 주인으로서 통치자를 주기적으로 선출하고 교체할 권력을 가진 '주권자'이다. 국가의 중요한 일을 결정할 힘, 즉 '주권(主權)'은 일반 시민에게 있고, 그런 시민으로부터 통치자의 권력이 나오는 '국민 주권'이 민주주의의 기본 원리이다(박상준, 2020a: 79).

민주주의는 시민의 자유와 권리를 보장할 뿐만 아니라 경제를 성장시켜서 국민소득과 삶의 질을 향상시키는 데 기여한다. 여러 학자들의 연구는 민주주의가 경제성장 및 복지의 향상과 관계가 있다는 것을 보여 주었다(박상준, 2018b: 166-180). J.W. McGuire는 동아시아와 남아메리카 국가들에서 민주주의 체제가 권위주의 체제보다 경제성장에 더 효과적이라는 것을 보여 주었다(McGuire, 2001). A. Przeworski, E.A. Michael, J.A. Cheibub, F. Limongi 등은 1950~1990년 사이에 민주주의 제도가 경제성장 및 복지의 향상에 관련이 있다고 주장하였다(Przeworski et al., 2000). 박선경은 스웨덴 예테보리 대학교의 민주주의의 다양성 연구소가 1900~2016년 동안 176개 국가의 다양한 요소들을 분석한 자료를 활용하여, 민주주의가 1인당 국내총생산의 상승과 양의 관계에 있다고 설명하였다(박선경, 2017).

또한 박상준은 이코노미스트가 분석한 세계 167개국의 민주주의 지수와 세계은행의 1인당 국내총생산 자료를 비교 분석하여, 민주주의와 경제발전은 서로 영향을 주고받는 선택적 친화력의 관계가 있다는 것을 보여 주었다. 민주주의가 발전한 나라들은 대부분 1인당 국내총생산이 높고 국민소득의 수준이 높았다. 반면에 민주주의가 발전하지 못한 국가들은 정치적 혼란과 독재, 부정과 부패, 소득 분배의 불평등으로 인해 경제가 성장하지 못하고 국민소득도 낮은 수준을 나타냈다. 전반적으로 민주주의와 경제발전은 상호 영향을 주고받는 선택적 친화력의 관계에 있으며, 민주주의 체제가 권위주의 체제보다 경제발전에 긍정적인 영향을 미친다. 물론 민주주의와 경제발전의 상관관계는 모든 나라에서 동일하게 나타나는 것이 아니라 선진국과 개발도상국, 최빈개도국의 정치적·사회적 상황에 따라 서로 다른 양상을 나타낸다(박상준, 2018b: 167-180).

실제로 2020년 코로나19 위기로 인해 대부분의 국가의 민주주의가 후퇴하고 경제가 위축되었지만, 우리나라의 민주주의 지수는 8.01(세계 167개국 중 23위)로 상승하면서 충분한 민주주의 국가로 발전하였다(EIU, 2020). 그에 따라 우리나라의 경제성장률은 -1.0%로 경제협력개발기구(OECD) 국가 중에서 1위였으며, 2020년 1인당 국민총소득(GNI)은 3만 1000달러로 7개 선진국(G7)에 진입하였다(뉴스1, 2021. 1. 25).

한편으론 몇백 년 동안 발전해 온 민주주의도 한순간에 붕괴될 수 있다. 2021년 1월 6일 트럼프 대통령의 지지자들이 의회에 난입한 사태에서 드러났듯이, 트럼프에 의해 250여 년 동안 쌓아 온 미국의 민주주의가 한순간에 무너지는 것을 전 세계 사람들은 목격하였다. 트럼프는 바이든의 대통령 당선을 확정하는 상·하원 합동회의를 저지하도록 지지자들을 선동하였고, 수천 명의 트럼프 지지자들이 의회에 난입하여 폭력을 행사하였다.

이처럼 트럼프 정부 시기 미국의 민주주의가 한순간에 무너지는 모습에서 볼 수 있듯이(스티븐 레비츠키 외, 2018), 민주주의는 언제든지 쉽게 무너질 수 있다. 개인의 자유와 권리를 보장하고 최소한의 인간다운 삶을 보장하는 민주주의를 지속적으로 발전시키기 위해서는 민주주의를 지켜 갈 시민이 필요하다. 즉, 민주주의는 민주주의에 대한 이해에 기초해 자기의 권리 및 타인의 권리를 존중하고 민주적 가치와 권리를 실현하기 위해 노력하는 시민을 필요로 한다. 이러한 민주시민을 기르기 위해서 민주시민교육이 매우 중요하다.

2. 민주시민교육이란 무엇인가?

민주시민교육은 민주주의, 시민, 교육을 결합한 것이다. 민주주의는 시민이 주권을 가지고 국가의 중요한 일을 스스로 결정하는 사회이다. 민주주의 사회에서 시민은 주권자로서 민주주의 제도를 이해하고, 시민의 권리를 누리며 책임을 이행하며, 민주적 가치에 기초하여 공동체 문제를 해결하기 위해 정치과정에 참여하고 행동하는 역량을 갖추어야 한다. 이러한 민주시민을 길러 내는 것이 민주시민교육이다.

| 민주주의 | + | 시민 | + | 교육 | = | 민주시민교육 |

[그림 1-1] 민주시민교육의 요소

구체적으로 민주시민교육이 무엇인가 하는 것은 나라마다 학자에 따라 다르다. 영국시민교육자문회위원회는 민주시민교육이란 학생이 민주주의 체제에의 참여와 실천의 의미를 알고 시민의 권리와 책임을 이해하며 공동체 활동이 개인과 사회에 주는 가치를 깨닫도록 돕는 것이라고 정의하였다. 효과적인 시민교육은 시민성(citizenship)을 가르치는 교육으로서 '사회적·도덕적 책임감', '사회 참여', '정치 문해력' 세 요소를 포함한다(영국시민교육자문회위원회, 1998: 10, 22, 30-35).

미국의 엥글과 오초아(S.H. Engle & A.S. Ochoa)는 민주사회의 시민은 사회문제에 대해 합리적이고 책임감 있는 의사결정자가 되어야 한다고 보고, 민주시민교육은 시민으로서 합리적 의사결정을 하는 데 필요한 민주주의 관련 기본 지식, 민주적 가치, 정치적 기능을 학습하도록 하는 것이라고 주장했다(Engle & Ochoa, 1988: 33-46).

우리나라에서는 2000년대 이후 민주시민교육에 초점을 맞춘 연구가 활발하게 진행되고 있다. 전득주는 민주시민교육을 "국민이 국가의 주권자로서 국가와 지역사회에서 일어나는 정치 현상에 관한 객관적 지식을 갖추고 정치적 상황을 올바로 판단하며 비판의식을 갖고 정치과정에 참여하여 권리와 의무를 적극적으로 수행하고 책임지는 정치행위가 형성되도록 가정, 학교, 사회에서 습득하는 모든 내용과 과정"이라고 정의하였다(전득주, 2004: 46). 심성보는 민주시민교육을 "민주사회의 구성원으로서 자신의 권리와 책임을 수행하고, 사회 운영의 주체로 참여하는 데 필요한 지식과 역량, 가치관과 태도 등 '민주적 자질'을 함양하기 위한 의도적이고 체계적인 교육적·학습적 노력"이라고 규정하였다(심성보, 2011: 192). 정원규 등은 민주시민교육을 "학생들이 스스로 주권자임을 자각하고, 그에 따라 민주주의의 이념과 제도를 충분히 이해하고 활용할 수 있으며, 이를 자신과 우리 사회 전반의 문제에 확장 적용할 수 있도록 성장하는 것을 최대한 지원하는 교육"이라고 정의하고, 목표는 "주권자를 교육하는 것"이라고 했다(정원규 외, 2019: 17).

한편, 2014년부터 2020년까지 13개 시·도 교육청에서는 학교 민주시민교육 조례를 제정하였다. 각 조례에서 제시한 정의를 살펴보면, 서울시교육청과 경기도교육청은 "민주시민교육이란 민주시민으로서 사회 참여에 필요한 지식, 가치, 태도를 배우고 실천하게 하는 교육을 말한다"고 규정하였다(서울특별시교육청, 2021; 경기도교육청, 2020). 전라북도교육청은 "민주시민교육이란 민주주의, 인권 등 민주시민으로서의 삶에 필요한 지식·기능·가치·태도 등을 배우고 실천하게 하는 교육을 말한다"라고 정의하였다(전라북도, 2019).

여러 학자들의 논의와 시·도교육청 조례를 종합하여 필자는 "민주시민교육은 학생이 민주주의 사회에서 요구하는 시민의 역량이나 시민 의식을 습득하도록 지원하는 교육이다"라고 정의할 것이다(박상준, 2020b: 55). 한마디로 민주시민교육은 시민 역량이나 시민 의식을 가르치는 교육이다.

민주주의는 시민의 기본적 권리, 즉 인권이 발달해 온 과정이고, 민주주의 사회에서 요구하는 시민의 역량이나 시민 의식에서 시민의 권리와 책임에 대한 이해에 기초하여 공동체 문제를 해결하는 데 참여하고 타인의 권리를 존중하는 태도와 행동은 매우 중요하다. 이런 측면에서 기본적 권리의 이해에 기초해 인권 관련 문제를 해결하는 데 참여하고 인권을 보호하려는 인권 의식을 형성하는 인권교육은 민주시민교육에서 중요한 부분을 차지한다. 인권교육을 통해 인권 의식이 향상되면, 민주사회의 시민으로서 시민 의식도 향상될 것이다.

3. 민주시민교육에서 무엇을 가르치는가?

각 나라마다 정치적 상황과 문화가 다르기 때문에, 그 사회에서 요구되는 시민의 역량이나 시민 의식이 다르고, 그에 따라 시민교육의 내용도 다르다. 시민 역량이나 시민 의식을 기르기 위한 교육을 영국은 시민교육(citizenship education)에서, 프랑스는 시민교육 또는 도덕·시민교육(éducation civique ou enseignement moral et civique)에서, 독일은 정치교육(politische bildung)에서 실시하고 있다.

1) 영국 시민교육의 내용

영국은 2014년 교육과정을 ·개정하면서, 학년 단계별로 시민교육의 목표와 내용을 지식, 기능, 참여의 측면에서 제시하였다. 시민교육은 학생들이 공동체에 주도적으로 참여하는 데 필요한 지식과 기능을 갖추도록 도와주는 것이다. 시민교육을 위한 교육과정은 모든 학생이 민주주의와 정치체제, 사법 제도에 대한 지식을 습득하고, 정치문제에 대해 비판적으로 사고하고 토론하는 기능을 계발하며, 공동체 발전에 참여하고 책임 있는 행동을 하도록 확립하는 것을 목표로 한다(EDE, 2014: 227). 이러한 목표를 달성하기 위하여 시민교육 교과에서 가르쳐야 할 내용은 크게 민주주의 제도, 시민의 권리와 역할에 대한 '지식', 비판적 사고와 토론 '기능', 공동체 발전에의 '참여'로 구성된다.

영국의 시민교육과정을 주제와 내용 요소로 재분류하여 제시하면 [표 1-1]과 같다(EDE, 2014: 228-229).

영국 시민교육의 내용은 중·고등학교에서 주로 민주주의와 정치체제, 선거, 사법 제도, 재정에 관한 이해와 '지식'을 중심으로 구성하였다. 그리고 다양성 존중을 중요한 '가치'로 제시하였고, 공동체 발전을

[표 1-1] 고등학교 10~11학년(key stage 4)

주제	내용 요소	
민주주의와 정치체제	• 의회 민주주의 • 정부 조직의 핵심요소(정부 권한, 시민과 의회의 역할) • 입법부, 행정부, 사법부, 언론의 역할	
정부형태	• 다양한 정부 형태 (영국 및 다른 국가의 정부)	
선거	• 영국 및 외국의 선거 제도 • 시민의 선거 참여	• 시민의 정치과정 참여
국제 정치	• 지방, 정부 및 지구적 거버넌스	• 영국과 다른 국가, 유엔의 관계
권리	• 인권	• 국제법
사법 제도	• 영국의 사법 제도 • 법과 문제 해결의 방식	• 법의 원천
다양성과 존중	• 영국의 다양한 정체성(다양한 민족, 지역, 종교, 인종적 정체성) • 다양성의 상호 존중과 상호 이해의 필요성	
공동체와 참여	• 공동체의 발전을 위한 시민 참여 방식 • 공동체 활동에 능동적 참여와 책임 있는 행동	
재정	• 수입과 지출 • 보험 • 금융 상품과 서비스	• 신용과 채무 • 저축과 연금 • 공적 자금의 모금과 지출

주제 중심의 시민교육 방법 탐색

위한 시민의 '참여'를 강조하였다. 다른 유럽 국가들과 달리, 시민교육 안에 시장경제에서 노동자와 소비자의 권리 행사와 관련된 신용, 보험, 금융 등을 포함시킨 것이 특징이다. 그리고 시민교육의 내용에서 민주주의, 선거와 정치 참여, 다양한 정체성, 다양성의 존중 등은 인권교육과 관련된 내용이다.

2) 프랑스 시민교육의 내용

프랑스는 2013년 교육법을 개정하여 기존의 시민교육 과목을 도덕·시민교육(enseignement moral et civique)으로 명칭을 변경하였다. 도덕·시민교육은 초·중·고등학교에서 '타인 존중하기', '공화국 가치 습득하고 공유하기', '시민문화 만들기' 3가지 목표를 동일하게 유지하면서 세부 내용을 심화시켜 구성된다.

프랑스의 도덕·시민교육과정을 목표와 내용 요소로 분류하여 정리하면 [표 1-2]와 같다(MENJ, 2018: cycle 2-4).

영국과 달리, 프랑스 시민교육의 내용은 민주주의와 정치제도에 관한 지식을 가르치기보다는 타인 존중, 프랑스 공화국의 가치를 강조하며, 민주적으로 토론하고 공화국의 구성원으로서 개인의 이익과 공동체의 이익의 균형을 이루고 상호 협력하고 책임지는 민주주의 문화를 형성하는 데 초점을 맞추었다. 시민교육의 목표와 내용에서 타인의 존중, 자유, 평등, 박애 같은 공화국의 가치, 의사 표현의 자유, 타인 의견의 존중 등은 인권교육과 관련된 내용이다.

[표 1-2] 중학교 2~4학년(cycle 4)

목표	내용 요소
타인을 존중하기	• 다양한 감정과 표현 방식을 인식하고 그것을 표현 및 조절하며 경청과 공감 능력을 발달시키기 • 자신과 타인의 관계를 인지하고 인간의 존엄을 인지하며 차이를 받아들이기 • 각자의 권리와 의무를 규정하는 틀 안에서 법과 규칙의 역할을 이해하기 • 도덕적 판단의 구성요소와 유효 기준을 인식하기 • 토론과 논증에서 비판적 고찰을 통해 자기 판단과 타인의 판단을 비교하기
공화국 가치의 습득 및 공유하기	• 규칙 간의 관계와 가치를 통합해 민주주의 사회에서 규칙과 법에 따르는 이유를 이해하기 • 프랑스 공화국과 민주주의 사회의 원칙과 가치의 확립을 이해하기 • 민주주의에서 정치적 행위는 가치가 개입된다는 점을 이해하기 • 공동체의 구성원으로 느끼고 사회 통합에 도움이 되는 요소를 인식하기
시민 문화 만들기	• 토론에서 자기 의견을 표현하고 타인의 의견을 존중하기 • 비판적 고찰을 통해 판단하고 개인적 이익과 일반적 이익을 구분하기 • 집단 과제에 협력하면서 자기 약속에 책임지기 • 공동체 소속감을 구축하기

3) 학교 민주시민교육의 내용

최근 전라북도교육청, 경기도교육청, 서울특별시교육청 등 13개 시·도 교육청이 민주시민교육을 활성화하기 위해서 학교 민주시민교육 조례를 제정하였다. 그 조례에서 제시하는 학교 민주시민교육의 내용을 살펴보면 [표 1-3]과 같다.

2020년 기준 13개 시·도교육청의 조례에서 제시한 학교 민주시민교육의 내용을 종합해 보면, 민주시민교육이 공통적으로 가르쳐야 할 내용은 (1) 민주주의의 제도, 선거 제도와 참여 방식, 권리와 의무 등에 대한 지식, (2) 헌법의 기본적 가치, (3) 의사소통능력, 의사결정력, 갈등

조정 능력, 문제해결력 등 사고 역량, (4) 학교 및 사회 참여 활동으로 구성된다. 학교 민주시민교육의 내용에서 헌법의 기본권, 선거 참여, 연대·환경·생명·평화·다양성, 학교 의사결정에의 참여 등은 인권교

[표 1-3] 학교 민주시민교육의 내용

조례	학교 민주시민교육의 내용
전라북도 학교민주시민교육 조례 (2019.12.6. 개정)	• 헌법의 기본 가치와 이념 및 인권, 민주주의를 비롯한 제도의 이해와 참여 방식에 관한 지식 • 논쟁적 문제를 해결하기 위한 합리적 의사소통 방식, 비폭력 갈등 해소 방안, 설득과 경청 등에 관한 기능과 태도 • 학교의 민주적 의사결정구조와 절차 및 참여 방식 • 노동·연대·환경·생명·생태·평화 등 가치와 세계시민으로서의 정체성 확립 등 • 그 밖에 교육감이 학교 민주시민교육에 필요하다고 인정하는 내용
경기도교육청 학교민주시민교육 진흥 조례 (2020.5.19. 개정)	• 헌법의 기본 가치와 이념 및 기본권, 민주주의를 비롯한 제도의 이해와 참여 방식에 관한 지식 • 학생의 올바른 정치적 권리 행사를 위한 정당, 선거, 투표 등 참정권 교육 • 논쟁 문제를 해결하기 위한 합리적 의사소통 방식, 비폭력 갈등 해소 방안, 설득과 경청 등에 관한 기능과 태도 • 미디어 정보의 비판적 사고·해석 및 사회적 참여 능력을 함양하기 위한 미디어 리터러시 교육 • 단위 학교의 민주적 의사결정 구조와 절차 및 참여 방식 • 평화·세계시민으로서의 정체성 확립 등 교육감이 학교 민주시민교육에 필요하다고 인정하는 내용
서울특별시교육청 학교민주시민교육 진흥 조례 (2021.1.7. 개정)	• 헌법의 기본 가치와 이념, 기본권 보장, 민주주의를 비롯한 제도의 이해와 참여 방식에 관한 지식 • 논쟁되는 사안을 해결하기 위한 합리적 의사소통 방식, 비폭력 갈등 해소 방안, 설득과 경청 등에 관한 기능과 태도 • 단위 학교의 민주적 의사결정 구조와 절차 및 참여 방식 • 세계시민으로서의 정체성 확립 등 교육감이 학교 민주시민교육에 필요하다고 인정하는 내용 • 지방자치 분권의 기본 원리와 이해, 주민의 권리 및 참여를 위한 의사소통과 합리적 의사결정, 갈등 조정과 문제 해결 등의 역량과 자질 함양 • 선거의 의미·기능, 선거법 및 선거 제도의 이해, 공약의 비교·분석 및 토론 등 선거법령에 따른 선거 전반에 관한 내용

육과 관련된 내용이다.

영국과 프랑스 시민교육의 내용, 한국 시·도교육청 조례의 학교 민주시민교육 내용을 종합하여, 필자는 민주시민교육의 내용 영역을 다음과 같이 제시하고자 한다.

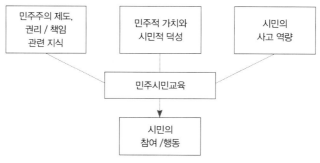

[그림 1-2] 민주시민교육의 내용 영역
자료: 박상준, 2020b: 60. 인용

이에 기초하여 시민의 역량이나 시민 의식을 기르기 위한 민주시민교육의 내용 체계를 학교 급별로 제시하면 다음과 같다(박상준, 2020b: 61-65).

[표 1-4] 학교 급별 민주시민교육의 내용 체계

주제	내용 요소		
	초등학교	중학교	고등학교
민주주의의 이해	• 민주주의의 의미 • 민주주의의 특성 • 민주주의와 일상생활의 관계	• 민주주의의 의미 • 민주주의의 특성 • 민주주의와 일상생활의 관계 • 민주주의의 발전 과정	• 민주주의의 의미 • 민주주의의 특성 • 민주주의와 일상생활의 관계 • 민주주의의 발전 과정 • 민주주의의 원리

시민의 권리와 책임	• 시민의 권리: 자유권, 평등권 • 아동/학생 인권 • 시민의 의무 • 시민의 책임: 권리 행사의 책임, 타인 권리 존중	• 시민의 권리: 자유권, 평등권, 참정권 • 학생/노동 인권 • 시민의 의무 • 시민의 책임: 권리 행사의 책임, 타인 권리 존중	• 시민의 권리: 자유권, 평등권, 참정권, 사회권 • 학생/노동 인권 • 시민의 의무 • 시민의 책임: 권리 행사의 책임, 타인 권리 존중
정부 형태		• 정부의 조직과 기능 • 정부의 균형과 견제	• 정부 형태 • 정부의 조직과 기능 • 정부의 균형과 견제
선거와 참여	• 민주주의와 선거 • 선거의 방식	• 민주주의와 선거 • 선거 제도와 선거 방식	• 민주주의와 선거 • 선거 제도와 선거 원칙 • 모의선거(18세 유권자)
시민의 자치	• 공동체 문제의 해결 • 민주주의와 시민 자치: 학생 자치, 주민 자치 • 주민 발안: 학교 규칙 만들기	• 사회문제의 해결 • 민주주의와 시민 자치: 학교 자치, 지방 자치 • 주민 발안: 학교 규칙/조례(안) 만들기	• 사회문제의 해결 • 민주주의와 시민 자치: 학교 자치, 지방 자치 • 중앙정부와 지방정부의 관계 • 주민/국민 발안: 조례(안)/법률(안) 만들기
미디어와 여론	• 민주주의와 미디어의 역할 • 미디어의 비판적 읽기	• 민주주의와 미디어의 역할 • 미디어의 비판적 읽기 • 가짜 뉴스의 민주주의 위협	• 민주주의와 미디어의 역할 • 미디어의 비판적 읽기 • 가짜 뉴스의 민주주의 위협
국제 관계		• 지구촌과 국제사회의 특징 • 민주 국가 간 상호 의존성	• 지구촌과 국제사회의 특징 • 민주 국가 간 상호 의존성 • 지구촌 문제 해결과 국제기구의 역할
기술발달과 민주주의의 미래		• 디지털 기술의 발달과 시민 참여의 확대	• 디지털 기술의 발달과 시민 참여의 확대 • 디지털 민주주의의 미래

자료: 박상준, 2020b: 61-62.

4. 민주시민교육과 인권교육은 어떤 관계가 있을까?

민주시민교육은 학생이 민주주의 사회에서 요구하는 시민의 역량이나 시민 의식을 습득하도록 지원하는 교육이다. 민주시민교육은 민주주의와 시민의 권리·책임에 대한 지식, 민주적 가치와 시민의 덕성에 기초하여 공동체 문제를 해결하는 사고 역량과 문제 해결에 참여하는 시민 행동으로 구성된다. 민주주의에서 시민의 권리에서 핵심을 차지하는 것이 바로 인권이다.

근대 시민혁명 이후 민주주의가 발전해 온 역사를 살펴보면, 본질적으로 시민의 기본적 권리, 즉 '인권'이 확장되어 온 역사라고 할 수 있다. 시민혁명은 왕정이나 군주정에서 억압받던 국민이 자유와 평등 같은 기본적 권리, 즉 인권을 확보하기 위한 투쟁이었다. 그런 국민의 기본적 권리를 보장하기 위한 정치체제로서 민주주의가 실시된 것이다. 시민의 권리의 측면에서 보면, 민주주의의 발전 과정은 결국 기본적 권리, 즉 인권의 발달 과정이라 할 수 있다. 인권의 개념과 요소가 더욱 확대되고 인권을 보장하는 법률이나 제도가 발전해 왔다.

시민의 기본적 권리, 즉 인권의 발달 과정을 역사적으로 살펴보면 다음과 같이 정리할 수 있다(박상준, 2018a: 358-361).

근대 이전에는 왕과 소수 귀족만이 특권을 누리며 부유하게 살았지만, 대부분의 평민들은 신분제 속에서 억압과 차별을 받으며 살았다. 그런데 사람들이 이런 비인간적인 대우에 부당함을 느끼고 저항하기 시작하였다. 이런 생각과 움직임은 중세 후반에 기독교 사상을 기반으로 한 자연권 사상으로 나타났다. 즉, 신(God)이 자기 형상을 따라 인간을 평등하게 창조하였기 때문에, 모든 인간은 자유롭고 평등하며 생명, 자유, 재산 같은 자연권을 부여받았다는 신념이 널리 전파되었다.

그 결과 18세기 후반 시민들은 신이 부여한 자유와 권리를 보장받기 위해 왕이나 귀족에 대항하여 시민혁명을 일으켰다. 근대 시민혁명 이후 인간의 자유와 평등은 미국 독립선언(1776), 프랑스 인권선언(1789), 미국 권리장전(1791) 등에 명시되었다. 이로써 국가 권력으로부터 간섭을 받지 않고 자유롭게 말하고 행동할 권리, 인종·민족·성별·신분 등에 의해 차별받지 않을 권리, 정치에 능능하게 참여할 권리가 인권으로 보장되었다. 이러한 자유권, 평등권, 참정권을 보통 '1세대 인권'이라고 부른다(박상준, 2018a: 359).

"우리는 다음과 같은 진리를 자명한 것이라고 생각한다. 모든 사람은 평등하게 태어났으며, 창조주(The Creator)에 의해 양도할 수 없는 권리들을 부여받았으며, 그 권리들에는 생명, 자유, 행복의 추구가 있다.
…
그리고 우리는 하나님(God)의 가호를 굳게 믿으면서 우리의 생명, 재산, 신성한 명예를 걸고 이 선언에 대한 지지를 상호 맹세하는 바이다."

– 미국 독립선언 –

그런데 산업혁명 이후 자본주의가 급속도로 발전해 갔지만, 노동자들은 열악한 노동 환경과 긴 노동 시간에 시달리면서 적은 임금으로 생계를 유지하는 고통을 받았다. 빈부 격차, 실업, 경제 침체 등이 심해지면서 노동자의 삶은 더욱 피폐해졌다. 이런 상황에서 사람들이 굶어 죽지 않고 실질적으로 자유를 누리기 위해서 최소한의 생활을 보장해야 한다는 요구가 증가하였다.

그에 따라 20세기 초반 독일 바이마르 헌법(1919)에서 인간다운 생활의 보장을 규정하였다. 그 후 세계인권선언(1948)과 민주국가들의 헌법에서 사회적 약자들이 최소한의 인간다운 삶을 누릴 수 있도록 노동의 권리, 사회 보장을 받을 권리, 교육을 받을 권리 등을 인권으로 규정하였다. 이런 사회권 또는 생존권을 '2세대 인권'이라고 부른다(박상준, 2018a: 36).

> 제24조 모든 사람은 휴식과 여가를 가질 권리가 있다. 일하는 시간은
>   적절히 제한되며 유급 휴가를 가진다.
> 제25조 모든 사람은 가족과 함께 건강하고 행복하게 살 권리가 있다.
>   그래서 의, 식, 주, 의료 등 사회 보장을 받을 수 있다.
>   - 세계인권선언 -

제2차 세계대전이 끝나면서 독립한 제3세계 국가들은 자기 민족이나 나라의 문제를 스스로 결정할 권리를 요구하였다. 또한 인종 차별, 여성과 아동 학대, 전쟁과 재난으로 인한 난민이 증가되면서 여성, 아동, 난민 같은 집단의 인권 보호가 세계적으로 중요한 관심사가 되었다.

이런 상황에서 민족이나 집단의 자기 결정권, 소수민 권리, 평화의 권

리 등이 새로운 '3세대 인권'으로 제시되고 있다. 이러한 새로운 인권은 유엔에서 채택한 아동권리협약(1989), 원주민권리선언(2007) 등에 규정되었다. 각 개인이 '개인적으로' 누리는 1, 2세대 인권과 달리, 3세대 인권은 '민족'이나 '집단'의 차원에서 누리는 인권이고, 여러 민족이나 국가가 협력해야 보장되는 권리라는 측면에서 '집단권' 또는 '연대권'이라고 한다(박상준, 2018a: 360-361).

> 제30조 소수 공동체나 원주민 사회의 아동은 자신의 전통 문화를 누리고 자신의 종교와 언어를 가지고 살 권리가 있다.
>
> — 유엔 아동권리협약 —

> 제3조 원주민은 자기 결정권을 갖는다. 이 권리에 의해 원주민은 그들의 정치적 지위를 자유롭게 결정하고 그들의 경제적·사회적·문화적 발전을 자유롭게 추구할 수 있다.
> 제5조 모든 원주민은 그들의 고유한 정치, 법, 경제, 사회, 문화 제도를 유지하고 강화할 권리를 갖는다.
>
> — 유엔 원주민권리선언 —

최근 우리나라에서는 체벌, 집단 따돌림과 집단 괴롭힘, 학교 폭력 등이 심각한 사회문제로 대두되면서 학생의 인권 보호에 대한 요구가 증가하였다. 이런 사회적 요구에 따라 경기도(2010. 10.)와 서울시(2012. 1.) 등에서 '학생인권조례'를 공포하였다. 이들 학생인권조례는 폭력으로부터의 자유, 휴식, 문화 활동, 개성 실현, 건강, 학교 규정의 제정 및 개정에 참여할 권리, 소수자 학생의 권리, 인권교육을 받을 권리 등을 포함하여 학생의 인권을 포괄적으로 규정하고 있다(박상준, 2018a: 361).

> 제6조 (폭력으로부터 자유로울 권리) ① 학생은 체벌, 따돌림, 집단 괴롭힘, 성폭력 등 모든 물리적 및 언어적 폭력으로부터 자유로울 권리를 가진다.
>
> 제12조(개성을 실현할 권리) ① 학생은 복장, 두발 등 용모에 있어서 자신의 개성을 실현할 권리를 가진다.
>
> 제19조(학칙 등 학교 규정의 제·개정에 참여할 권리) ① 학생은 학칙 등 학교 규정의 제·개정에 참여할 권리를 가진다.
>
> 제26조(권리를 지킬 권리) 학생은 인권을 옹호하고 자기나 다른 사람의 인권을 지키기 위한 활동에 참여할 권리를 가지며, 그 행사로 인하여 불이익을 받지 아니한다.
>
> — 서울특별시 학생인권조례 —

이러한 인권은 대부분 우리 헌법에서 국민의 기본적 권리로 보장되고 있다. 1세대 인권으로서 자유권은 우리 헌법 제12조~제23조에, 평등권은 헌법 제11조에, 참정권은 헌법 제24조~제26조에 보장되었다. 2세대 인권으로서 사회권 또는 생존권은 우리 헌법 제31조~제36조에 보장되었다. 하지만 3세대 인권은 1987년 개정된 헌법에는 반영되지 않았다.

　이러한 헌법상 기본적 권리에 대해 이해하고 모든 사람의 인권을 보장하는 인권 의식을 기르는 것이 인권교육이다. 인권교육은 기본적 권리로서 인권의 이해, 인권을 존중하고 보호하는 인권 의식, 시민으로서 책임과 참여, 인권 문제 해결 등을 주요 내용으로 가르친다. 이런 점에서 인권교육은 민주시민교육에서 핵심적인 부분을 차지하고, 많은 내용이 중첩된다.

5. 인권교육을 통해 어떻게 민주시민교육을 할 수 있을까?

　인권교육은 인권에 대한 이해에 기초하여 인권 관련 문제를 합리적으로 해결하는 판단력과, 인권을 존중하고 인권 친화적 문화를 형성할 수 있는 인권 의식이 성장하도록 지원하는 것이다. 인권에 대한 이해와 판단력을 통해 인권 의식이 향상되면, 민주사회의 주체로서 시민 의식도 향상될 것이다. 2001년 국가인권위원회가 출범하면서 인권의 보호와 인권 친화적 문화가 점차 형성되고 있으며, 또한 2007 개정 사회과 교육과정부터 중학교 및 고등학교 사회 과목에 인권과 헌법 단원이 새로 추가되면서 인권교육이 더 강화되고 있다.

　이처럼 인권 보호 제도와 문화가 정착되고 인권교육을 통해 인권 의식이 신장되면서 민주주의가 더 발전하고 시민 의식도 향상되고 있다. 그에 따라 2006년 우리나라는 결점 있는 민주주의(7.88)에서 2020년

[표 1-5] 우리나라 민주주의 지수의 추이

연도 영역	2006	2008	2010	2012	2014	2016	2018	2020
선거 과정/ 다원주의	9.58	9.58	9.17	9.17	9.17	9.17	9.17	9.17
정부 기능	7.14	7.50	7.86	8.21	7.86	7.50	7.86	8.21
정치 참여	7.22	7.22	7.22	7.22	7.22	7.22	7.22	7.22
정치 문화	7.50	7.50	7.50	7.50	7.50	7.50	7.50	7.50
시민 자유	7.94	8.24	8.82	8.53	8.53	8.24	8.24	7.94
종합 지수	7.88(31)	8.01(28)	8.11(20)	8.13(20)	8.06(21)	7.92(24)	8.00(21)	8.01(23)

자료: The Economist Intelligence Unit, 민주주의 지수 2008~2020 / (   )은 167개국 중 순위.

충분한 민주주의(8.01)로 발전하였다(박상준, 2020a: 99-100, 214-216).

　2020년 코로나19로 인해 사회적 거리두기와 집합 금지 등의 방역 조치가 한 해 동안 지속되면서 시민의 자유 영역은 기존보다 낮게 평가되었다. 하지만 정부가 코로나19에 적극 대응하고 방역에 성공하면서 정부의 기능과 정부의 신뢰도는 매우 향상되었다. 실제로 2020년 5월 시사IN과 KBS가 공동 조사한 결과에 따르면(시사IN, 2020.6.2), 권위주의, 집단주의 성향을 가진 사람들보다는 민주적 시민 의식이 높은 사람들이 코로나19 방역에 더 적극 참여한 것으로 나타났다. "주위 사람들에게 피해를 끼칠까 두렵다"라는 응답자가 86%였고, "마스크를 쓰지 않는 사람은 다른 사람을 감염시킬 수 있으므로 매우 이기적이다"라는 응답자가 84%에 달했다. 코로나19 사태 이후 선진국(25%)보다 우리나라의 국가 총체적 역량이 더 우수하다고 응답한 사람이 39%로 더 많았고, 비슷하다고 응답한 사람도 31%였다. 또한 선진국(14%)보다 우리 나라의 시민 역량이 더 우수하다는 응답자가 58%로 4배 이상 높았으며, 비슷하다는 응답자는 26%였다(박상준, 2020c: 35-36).

코로나19에 대해 정부가 신속하게 대응하고, 많은 의료진이 헌신하면서 대규모 유행을 막았다. 그에 따라 정부의 신뢰도는 신천지교회 중심으로 코로나가 확산되는 시기인 2020년 2월 7일에 53.8%였는데, 5월 11일에는 77.0%로 상승하였고, 8·15 광화문 집회 이후 코로나가 재확산되는 시기인 8월 24일에도 67.7%로 높게 나타났다(쿠키뉴스, 2020.8.26). 코로나19 위기 이후 국가의 신뢰도는 전반적으로 상승하였다. 대통령의 신뢰도는 2012년 4.1점에서 2020년 6.2점으로, 정부의 신뢰도는 2012년 4.0점에서 2020년 6.1점으로, 국회의 신뢰도는 2014

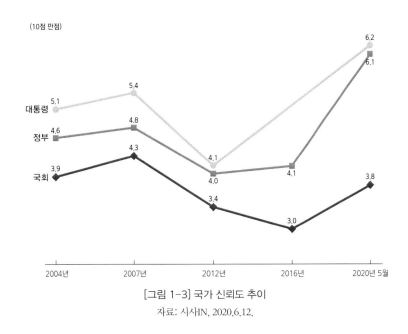

[그림 1-3] 국가 신뢰도 추이

자료: 시사IN, 2020.6.12.

년 3.0점에서 2020년 3.8점으로 상승하였다(박상준, 2020c: 36-37).

또한 코로나19가 확산되는 상황에서도 2020년 4월 제21대 국회의원 선거가 실시되었다. 2913만 명이 투표했지만, 코로나19에 감염된 사람은 한 명도 나오지 않았다. 많은 시민들이 마스크와 장갑을 끼고 질서정연하게 투표하며 선거를 안전하게 마쳤다. 코로나19가 유행하는 상황에서도 제21대 총선의 투표율은 66.2%로 제14대 총선(1992) 이후 가장 높았다. 많은 외국 언론들은 "한국이 코로나19 위기 속에서도 국회의원 선거를 민주적으로 치러 냄으로써 세계적으로 민주주의의 모범이 되었다"라고 극찬하였다(박상준, 2020c: 36-37).

반면에 미국은 트럼프 정부에서 백인 우월주의, 이민자와 인종의 차별이 더 심해졌고, 민주적 절차와 제도가 무시되었다. 또한 코로나19의 대응 실패로 2021년 2월 15일 기준 확진자는 2713만 272명으로 세계에서 가장 많은 확진자가 발생했으며, 사망자는 47만 1765명으로 제2차 세계대전의 사망자(40만 5339명)보다 더 많이 발생하였다(박상준, 2020c: 34-35). 그에 따라 인권 의식은 더 낮아졌고 민주주의도 크게 후퇴하였다. 스티브 레비츠키와 대니얼 지블랫은 여러 통계 자료에 의거해, 트럼프에 의해 250여 년 동안 발전해 온 미국의 민주주의가 무너졌다고 비판하였다(레비츠키, 지블랫, 2018). 실제로 트럼프의 집권 시기(2017~2020) 동안 미국은 정부 기능이 7.14에서 6.79로, 정치문화는 8.13에서 6.25로 크게 낮아졌다. 그래서 미국은 충분한 민주주주에서 결점 있는 민주주의 국가로 떨어졌다(박상준, 2020a: 99-100).

우리나라와 미국의 사례에서 나타나듯이, 인권교육을 통해 인권 의

주제 중심의 시민교육 방법 탐색

[표 1-6] 미국 민주주의 지수의 추이

영역 \ 연도	2008	2012	2016	2018	2020
선거 과정/다원주의	8.75	9.17	9.17	9.17	9.17
정부 기능	7.86	7.50	7.14	7.14	6.79
정치 참여	7.22	7.22	7.22	7.78	8.89
정치 문화	8.75	8.13	8.13	7.50	6.25
시민 자유	8.53	8.53	8.24	8.24	8.53
종합 지수	8.22(18)	8.11(21)	7.98(21)	7.96(25)	7.92(25)

자료: The Economist Intelligence Unit, 민주주의 지수 2008~2020/ ( )은 167개국 중 순위.

식을 향상시키면 그에 따라 시민 의식도 향상되고 나아가 민주주의가 더 발전할 것이다. 그러므로 헌법과 인권 관련 내용을 직접적으로 구성한 사회과뿐만 아니라 다른 교과에서도 교육 내용을 인권 관련 주제를 중심으로 재구성하여 인권교육을 강화할 필요가 있다. 예컨대, 국어과는 작품 속에 포함된 인권에 대한 토론 학습, 인권 관련 글쓰기 등으로 재구성할 수 있고, 도덕과는 인권 관련 가치 교육을 강화하고, 과학이나 실과는 과학 기술과 관련된 주제를 재구성하여 인권교육을 실시할 수 있다. 또한 창의적 체험활동에서는 자유, 평등, 기후와 환경, 평화, 연대, 노동, 문화 다양성 등의 주제를 중심으로 재구성하여 인권교육을 실시할 수 있다. 이러한 인권교육은 인권 의식뿐만 아니라 시민 의식을 향상시킴으로써 민주시민을 기르는 민주시민교육에 기여한다.

민주주의는 시민의 기본적 권리를 보장하기 위한 정치체제이다. 그리고 민주사회는 시민의 권리를 보장함으로써 모든 사람이 인간답게 살 수 있는 사회이다. 이런 민주사회는 자신의 권리뿐만 아니라 타인의 권리를 존중하면서 다양한 사람들과 상생할 수 있는 시민을 필요로 한다. 따라서 민주시민교육은 나뿐만 아니라 타인의 인권을 존중하고 인권 친화적 삶을 살 수 있는 인권 의식을 길러 주어야 한다.

인권 의식은 인권에 대한 이해에 기초하여 인권 문제에 대해 합리적으로 판단하고 인권을 보호하려는 태도와 행위성향 등을 포함한다. 이처럼 인권 의식은 인권에 대한 지식과 이해, 인권 판단력, 인권 보호의 태도와 행위성향 등 복합적인 정신의 상태와 작용이다(박상준, 2010: 28-29).

이러한 인권 의식은 인지적 요인, 정서적 요인, 행동적 요인으로 구성된다. 인권과 관련된 상황이나 사람에 대해 갖는 지식, 신념, 판단 등은 인지적 요인이고, 그것들에 대해 갖는 평가, 감정 등은 정서적 요인이며, 그것들에 대하여 행동하려는 성향이나 태도를 의미한다. 학자에 따라 다양하게 제시될 수 있지만, 인권 의식은 크게 인지적 영역에서 인권 판단력, 정서적 영역에서 인권 감수성, 행동적 영역에서 인권 행동 의사로 구성된다(김자영, 2012: 38, 53-54).

인권 의식 중에서 인권에 기초하여 인권 관련 문제를 합리적으로 판단하는 사고 능력을 '인권 판단력'이라고 한다. 인권 판단력은 인권 문제에 대하여 인권의 개념과 내용에 의거해 어떤 행위가 인권 침해인지, 인권을 보호하기 위한 방안이 무엇인지를 판단하는 사고의 능력이다(박상준, 2010: 32).

이런 인권 판단력이 연령에 따라 어떻게 발달하고 어떤 특징을 나타내는가를 제시하면 [표 1-7]과 같다(박상준, 2010: 34-42; 2018a:

[표 1-7] 인권 판단력의 발달 단계와 특징

단계	판단의 특징	판단의 근거
1단계: 맹목적 복종 과 벌의 회피에 의한 판단	• 옳은 행위는 권위자의 명령에 대한 맹목적인 복종 또는 사회 규범의 무조건적 준수와 동일 시된다. • 권위자의 명령에 복종하거나 사회 규범을 준수하는 이유는 벌에 대한 두려움으로 인해 벌을 회피하기 위한 것이다. • 인권 판단은 행위의 물리적 결과만을 근거로 이루어진다	• 권위자의 명령에 대한 맹목적 복종 • 사회 규범의 무조건적 준수 • 벌에 대한 두려움과 벌의 회피 • 행위의 물리적 결과
2단계: 행위자의 의도와 인과 응보에 의한 판단	• 옳은 행위는 행위자의 의도나 목적을 실현하는 것 또는 잘못에 상응한 벌을 부과하는 것이다. • 인과응보의 원리에 따라 잘못된 행동에 상응하는 벌을 부과해야 잘못을 시정하거나 예방할 수 있다고 생각된다.	• 행위자의 의도나 목적의 실현 • 잘못에 상응한 벌의 부과 • 개인의 욕구 충족과 실용적 이익의 실현
3단계: 사회적 관계 의 고려 및 사회적 인정 에 의한 판단	• 옳은 행위는 사회적 관계에서 입장을 바꾸어 생각하기를 통해 타인의 입장이나 정서를 고려한 행위 또는 사회적 인정을 받을 수 있는 행위 이다. • 권위자의 명령에 복종하거나 사회 규범을 준수하는 이유는 벌에 대한 두려움으로 인해 벌을 회피하기 위한 것이다.	• 타인의 입장이나 정서의 고려 • 사회적 인정
4단계: 사회적 책임 과 권리에 의한 판단	• 옳은 행위는 사회적 책임(의무)나 역할을 수행하는 것 또는 법적 권리를 행사하거나 보호하는 것이다. • 사회적 책임이나 역할을 수행하거나 권리를 행사하고 보호해야 할 이유는 사회 질서를 유지하기 위한 것이다.	• 사회적 책임이나 역할의 수행 • 권리의 행사 및 보호 • 사회 질서의 유지
5단계: 상호 합의에 의한 판단	• 옳은 행위는 당사자들이 자율적으로 상호 합의한 규칙 또는 약속을 준수하는 것이다. • 규칙이나 법률은 문제 상황의 당사자가 합의 또는 약속을 통해 만든 것이고 그래서 변경이 가능한 규범으로 간주된다.	• 상호 합의의 준수 • 합의한 규칙이나 약속의 준수
6단계: 기본적 인권 과 보편적 원리에 의한 판단	• 옳은 행위는 특정 사회의 법률을 넘어서 기본적 인권과 보편적 원리를 실현하는 것이다. • 인권은 특정 국가의 실정법보다는 자연법에 근거하고, 모든 사회에 적용되는 보편 타당한 기본적 권리로 간주된다. • 정당하지 않은 규범을 그대로 지키기보다는 인간 존엄성이나 정의를 실현할 수 있는 대안을 따르는 것이 옳은 행동으로 간주된다.	• 기본적 인권 • 보편적 원리(인간 존엄성, 정의)

자료: 박상준, 2010: 42, 인용

365).

　인권교육은 인지적 측면에서 인권에 관한 이해에 기초하여 인권 문제의 판단력을 기르고, 정서적·행동적 측면에서 인권 감수성을 신장시키며 인권을 존중하고 보호하는 태도를 형성하며, 문화적 측면에서 인권 친화적 문화 속에서 민주적으로 교육을 하는 것이다(박상준, 2018a: 367).

　민주시민교육에서 길러야 할 시민성을 버츠(R.F. Butts)는 시민의 권리와 책임으로 구분해 12가지로 제시하였다(Butts, 2000: 4-5). 12가지 시민성 중에서 자유, 평등, 다양성, 사생활, 적법 절차, 소유권, 국제인권 7가지는 직접적으로 인권에 해당된다. 이처럼 민주시민교육에서 기르고자 하는 시민성은 인권에 기초하고 있다. 앞에서 살펴본 것처럼, 시민의 권리에서 핵심을 차지하는 것이 바로 인권이다. 우리 헌법 제11조~제36조는 기본적 인권을 국민의 권리로 보장하고 있다. 그러므로 인권에 대한 이해와 인권 판단력을 기르는 교육은 타인의 권리를 존중하고 인권 친화적 삶을 사는 시민을 기르는 데 기여한다. 이런 점에서 인권의 이해와 인권 판단력의 교육은 권리와 책임의 이해, 시민 의식을 기르는 민주시민교육으로 직접 연결된다.

　인권 친화적 학교 문화 속에서 기본적 권리인 인권을 존중하고 학생이 학교생활의 주체로서 학생 자치를 실시하며 수업에 주도성을 갖고 스스로 학습하게 함으로써, 인권교육은 시민의 역량이나 시민 의식을 기르는 민주시민교육에 기여한다. 민주시민교육은 학생이 자신의 의사를 자유롭게 표현하고 동등하게 토론하는 인권 친화적 문화 속에서 효과적으로 실시될 수 있다.

그리고 인권교육은 인권 의식을 향상시키기 위하여 인권에 대한 이해에 기초하여 인권 관련 문제에 대한 토론 학습, 논쟁문제 학습, 체험 학습이나 모의 활동 등을 활용한다. 이러한 교수·학습 방법은 또한 민주시민교육에서 시민 역량이나 시민 의식을 향상시키기 위하여 적용되는 교수법이다. 따라서 민주시민교육과 인권교육은 토론 학습, 논쟁문제 학습, 체험학습이나 모의 활동 등을 활용해 인권 의식이나 시민 의식을 향상시키고자 한다는 측면에서 서로 중첩된다.

참고 문헌

김자영(2012). 청소년 인권의식의 유형 및 영향요인에 관한 연구. 서울대학교 대학원 박사학위 논문.

박상준(2010). 인권 판단력의 발달에 관한 연구. 한국사회과교육연구학회. 사회과교육. 제49권 1호.

박상준(2018a). 사회과교육의 이해: 4차 산업혁명과 미래 사회 대비(제3판). 교육과학사.

박상준(2018b). 민주주의와 경제발전의 관계 분석. 전주교대 초등교육연구원. 초등교육연구. 제29집 2호.

박상준(2020a). 역사와 함께 읽는 민주주의: 우리나라 민주공화국은 어떻게 발전해 왔을까? 한울.

박상준(2020b). 민주시민교육 내용체계의 구성 방향. 전주교대 초등교육연구원. 초등교육연구. 제31집 1호.

박상준(2020c). 코로나 이후 미래교육: 블렌디드 러닝, 학생 주도성, 교사 주도성. 교육과학사.

박선경(2017). 민주주의는 경제발전에 유리한 제도인가?. 비교민주주의연구. 제13집 2호.

심성보(2011). 인간과 사회의 진보를 위한 민주시민교육. 살림터.

스티븐 레비츠키, 대니얼 지블랫(2018). 어떻게 민주주의는 무너지는가: 우리가 놓치는 민주주의 위기 신호. 박세연 옮김. 어크로스.

영국시민교육자문회위원회(1998)·민주화운동기념사업회 옮김(2008). 크릭 보고서: 학교 시민교육과 민주주의.

전득주 외(2004). 정치문화와 민주시민교육. 유풍출판사.

정원규 외(2019). 학교 민주시민교육의 기본 개념 및 추진 원칙 연구 최종보고서.

성공회대학교 민주주의연구소. 교육부 정책보고서. 2019. 10. 28.

Becker, C.L.(1941). *Modern Democracy*. New Haven: Yale Univ. Press.

Butts, R. F.(2000). From Civism to Civitas: A Retrospective on The Morality of Democratic Citizenship: Goals for Civic Education in the Republic's Third Century. electronic ed., Center for Civic Education.

Engle, S. H. & Ochoa, A. S.(1988). *Education for democratic citizenship: Decision making in the social studies* / 정세구 외 역(1989). 민주시민교육. 교육과학사.

England Department for Education(EDE). The National Curriculum in England. Dec. 2014. Framework document.

Ministère de l'Éducation Nationale et de la Jeunesse(MENJ). Programme du cycle 2~cycle 4. 2018. 11.

McGuire, J.W.(2001). Social Policy and Mortality Decline in East Asia and Latin America. *World Development*. vol.29. no.10.

Przeworski, A., Michael, E.A., Cheibub, J.A., Limongi, F.(2000). *Democracy and Development*: *Political institutions and Well-being in the World 1950-1990*. Cambridge: Cambridge Univ. Press.

The Economist Intelligence Unit. Democracy Index 2006~2020.

경기도교육청 학교민주시민교육 진흥 조례(경기도조례 제6522호). 2020.5.19. 개정.

뉴스1. 2021.1.25. 블룸버그 韓 작년 1인당 국민총소득 G7 진입…사상 최초.

서울특별시교육청 학교민주시민교육 진흥 조례(서울특별시조례 제7876호). 2021.1.7. 개정.

시사IN. 2020.6.2.(663호). 코로나19가 드러낸 한국인의 세계-의외의 응답 편.

시사IN. 2020.6.12.(664호). 코로나19가 드러낸 한국인의 세계-갈림길에 선 한국 편.

전라북도 학교민주시민교육 조례(전라북도조례 제4712호). 2019.12.6. 전부개정.

쿠키뉴스. 2020.8.26. 국민 67.7% 정부 코로나 대처 신뢰…文대통령 지지율 덩달아 반등.

2장

생태적 시민성과 시민교육

정윤경

전주교대 초등교육과

기후변화와 관련한 모든 사실과 해법은 이미 우리 손에 쥐어져 있습니다. 아무도 미래를 구하기 위한 행동에 나서지 않아 얼마 안 있어 미래가 사라질지도 모르는데, 그런 미래를 위해서 공부를 하는 게 의미가 있을까요? 우리 사회는 가장 중요한 사실들을 무시하고 있는데, 학교에 가서 이런저런 사실을 배운다는 게 의미가 있을까요?

(G. Thunberg, 2018년 12월 3일 유엔기후변화협약 당시 한 연설 중)

(이순희·최동진, 2019에서 재인용).

2018년 스웨덴의 Greta Thunberg(그레타 툰베리)는 기후를 위한 등교 거부를 시작했다. "기후변화 문제가 등교 거부를 할 만큼 심각하다고?" 물을지 모르겠다. 그런데 전문가들은 기후변화를 멈추기 위해 바로 지금부터 실천하지 않으면 지속가능한 삶이 위협받는다고 한다. 기후변화를 비롯해 지구의 생태 불균형에 인류가 엄청난 영향을 끼치고 있다.

본 장은 이러한 문제제기가 이루어지는 현 상황에서 환경교과의 교육 목적으로 간주돼 온 '지속가능한 발전을 위한 환경교육'이 지속가능한 것인지 비판적으로 논의하며, 기후 위기 시대에 요청되는 생태시민성을 갖추기 위한 생태적 시민교육에 관해 탐색할 것이다.

1. 생태 위기와 생태적 시민성의 요구

기상이변은 뉴노멀이 돼 간다고 한다.

2020년 스위스에서 열린 세계경제포럼(WEF) 회의의 화두는 다름 아닌 '기후 위기(Climate Crisis)'였다. 2020년 발간된 '세계 위험 보고서'에서도 세계를 위협하는 요인 1위로 '기상이변'이 꼽혔다. 심지어 기후변화 대응 실패, 자연재해, 생물다양성 손실, 인간 유발 환경재난이 2~5위로 환경문제가 상위권 대부분을 차지하고 있다(https://post.naver.com/viewer). 이것은 모두 인류의 영향력에 따른 것이다. 이와 관련해서 '인류세(Anthropocene)'라는 말도 사용된다. 인류세란 지구의 생태 균형이 인류에 의해 직접적으로 통제되는 시기를 말한다. 네덜란드 화학자 Paul Crutzen에 의해 널리 알려진 개념으로 학계에서는 아직 정설로 인정받지 못하고 있지만, 2004년 스톡홀름에서 열린 유럽 과학 포럼에서 학자들이 인류세 이론을 지지한 바 있으며 주목받고 있다(Braidotti, 2015: 역자주 참조). Crutzen은 2000년 지질 및 생태에 끼치는 인류의 역할을 강조하기 위해 현재의 지질 시대를 인류세라고 부르자고 주장한 것이다. 그는 인류세의 시작 시기를 증기기관이 발명되고 온실가스인 이산화탄소와 메탄의 대기중 농도가 증가하기 시작한 18세기 후반으로 제안했다. 날로 심각해지는 공기와 수질 오염의 심각성이 생존을 위협하는 수준에 이르고 있는 것을 보면, 이제 전 지구적 규모의 생태 위기가 일부 환경론자나 미래를 비관적으로 예측하는 일부 사람들의 과장이 아니라 인류가 직면한 생존에 관련된 문제임을 누구도 부정할 수 없을 것이다.

기후 위기를 포함해서 더 포괄적인 생태 위기 앞에 생태주의 담론이 여러 분야에서 활발하게 논의되고 있다. 생태학은 본래 생물과 환경과의 관계를 다루는 생물학의 범주에서 사용되었으나, 오늘날은 환경 오염이나 생명 파괴 등과 같은 생태학적 문제들과 연관되면서 현대인의 삶의 모든 영역에 대한 비전과 진단을 제시한다. 이러한 생태주의는 인간과 자연의 역동적인 간주관적 상호작용이 일어나는 장에서 생명체 간의 생존하는 방식을 규명하고 이것이 인간 현상에 주는 시사점이 무엇인가를 철학적으로 사유한다(김귀성·노상우, 2003: 2).

Orr(1992) 역시 현 생태계의 위기를 교육의 위기와 관련지으면서 이를 극복하기 위해서 서구 근대적 세계관에 따른 교육과 다른 교육이 요청된다고 역설한다. 그리고 '생태적 문해'를 갖춘 사람으로 교육할 것을 강조한다. 문해(literacy)는 읽을 수 있는 능력을 말한다. '생태적 문해(ecological literacy)'는 생태 위기에 직면하여 '그래서 무엇을?'을 물을 수 있는 능력을 말한다. 교육을 통해 학생들이 읽고 쓰고 셈할 수 있게 가르치는 데 상당한 노력을 기울여 왔으나, 생태적 문해 능력은 거의 다루지 않았다.

다행히 생태 위기에 대응하기 위한 생태주의가 대두되고, 또한 생태주의 관점에서 교육의 방향을 새롭게 제시하는 생태주의 교육학 탐색도 이루어지고 있다. 생태주의 교육학은 상생의 정신, 그것을 실현하기 위한 생태적 인본주의, 생태 윤리에 기초하여 생태주의 교육학을 탐색한다(김귀성·노상우, 2003). 김지하 역시 경쟁과 약육강식의 논리에 지배된 산업사회의 교육을 비판하면서, 새로운 생명교육의 원리로 '모심'과 '살림'을 제시한다(김지하, 2003: 79-85). 이러한 논의는 공통적으로 오늘날 교육의 문제가 현재 지배적인 서구 근대 문명의 패러다임에서 야기된 것으로 비판하고, 교육에서 생태적 패러다임으로의 전환을 요청한다.

학교교육에서도 생태 위기에 대응하기 위해 6차 교육과정에서 환경교과 신설, 7차 교육과정에서 환경교육의 방향과 성격을 '지속가능한 발전(sustainable development)'으로 설정한 바 있다.

6차 교육과정에서 환경교과를 하나의 독립된 교과로 신설하게 된 배경은 환경문제 예방과 해결을 위한 여러 가지 접근 중 과학기술적 접근이나 행정적 접근 이외에 교육의 중요성을 인식하면서부터다. 구체적으로 환경에 대한 교육적 접근의 필요성은, 첫째 환경 보존과 개발이라는 상이한 관점을 통합한 이른바 '환경적으로 건전하며 지속가능한 발전(ESSD: Environmentally Sound & Sustainable Development)'을 실질적으로 달성하기 위해서는 환경적으로 깨어 있는 대중의 참여와 지지가 필수적이고, 둘째 환경문제는 근본적으로 환경에 대한 인간의 잘못된 인식에서 비롯되었다고 보기 때문에 예방적 차원에서도 교육적 접근이 가장 필요하고 효과적이며, 셋째 환경문제를 해결하기 위해 우리가 극복해야 할 대상은 우리들 자신의 내면에 있으므로 인간의 내면을 다루는 교육을 통해서만이 환경문제의 진정한 해결을 이룰 수 있다는 인식이 확대되었기 때문이다(교육부, 1994a: 193). 즉, 환경 교과 신설의 배경은 부룬트란트(Bruntland) 보고서 이후 '환경적으로 건전하고 지속가능한 발전'이라는 개념이 주된 개념으로 등장하고, 이것을 교육적으로 강화하려는 인식이 확산된 것이다.

7차 교육과정에서도 환경교육에 관한 기본적인 골격은 6차 교육과정을 계승한다. 6차 교육과정에서 '환경과학'이었던 것을 7차 교육과정에서는 '생태와 환경'이라는 교과명으로 개정하면서 학문적 성격을 줄이고 가치·태도와 관련된 영역을 보다 강조하고 있다.

2005년 대통령자문 지속가능발전위원회가 설치되어 국가 단위의 지속가능발전교육 관련 전략과 이행 계획을 수립하였다. 따라서 2007 개정교육과정에서부터 2015 개정교육과정에 이르기까지 지속가능한 발전 교육을 범교과적 학습주제로 명시하여 교과, 재량활동, 특별활동 등 학교 교육활동 전반에 통합적으로 다루지도록 하고 있다(교육부, 2015). 이러한 과정에서 지속가능발전교육은 지속가능성과 관련된 쟁점들을 사회문화적 관점, 경제적 관점, 환경적 관점 등 총체적으로 접근하는 교육으로 특징짓게 된다(UNESCO, 2004; 김다원, 2020: 8에서 재인용).

최근 2015 개정교육과정에 따른 교육내용 역시 지속가능발전교육의 내용을 포함하고 있다(김다원, 2020). 그러나 분석에 따르면, 2015 개정교육과정 총론의 환경교육 반영 수준은 구체적이지 않다(김남수 외, 2020). 예컨대, 교육적 인간상의 관심 범위가 개인-사회-다른 나라-세계로 확대되었으나, 인간사회를 넘어 지구생태시스템까지는 나아가지 못하고 있다.

지속가능한 발전은 지속가능한가? 다시 물어야 할 시점이다. 환경문제, 더 포괄적으로는 생태 위기가 고조되는 시점에서 이와 관련된 환경교과의 주된 기조였던 지속가능한 발전 개념 자체를 비판적으로 검토할 필요가 있다고 생각한다.

이런 연구 필요성에서 본 장은 현재 환경교육의 방향과 성격을 규정하는 핵심적인 개념인 '지속가능한 발전(sustainable development)'의 의미를 비판적으로 고찰하고, 지속가능한 생태 문해 능력을 갖출 수 있는 생태시민성 교육을 탐색하고자 한다. 이를 위해 2절에서는 '지속가능한 발전은 지속가능한가' 질문하면서 지속가능한 발전이 갖는 의의와 한계점을 살펴볼 것이다. 3절에서는 지속가능한 발전을 위한 환경교육의 한계를 논의하고 4절에서는 지속가능한 생태시민성 교육을 탐색할 것이다.

2. 지속가능 발전은 지속가능한가?[1]

1) '지속가능한 발전' 개념의 대두

'지속가능한 발전'은 1973년 UNEP가 창설된 이래 계속적인 관심의 대상이 되어 왔으며, 1987년 노르웨이 수상인 Bruntland가 의장으로 있는 세계환경발전위원회[2]에 의해 작성된 '부룬트란트 보고서'로 불리는 환경에 관한 보고서에서 핵심 개념으로 등장한다(교육부, 1994a: 195).

이 개념의 기원은 생태발전론과 동일하게 1972년 스톡홀름회의에 있다고 주장된다(문순홍, 1999: 267). 이후 1980년 '세계 보호전략 선언문', 1987년 '우리 공동의 미래'를 통해 발전되었고 1991년 리우회의에서 채택한 '의제 21'에서 ESSD(환경적으로 건전하고 지속가능한 발전: Environmentally Sound & Sustainable Development) 개념으로 압축된다. 이후 이것은 일반적으로 '지속가능한 발전'이라는 표현으로 사용되고 있다.

부룬트란트 보고서에 따르면, 지속가능한 발전은 '미래 세대의 욕구

---

1) 본 절은 정윤경(2004)의 "지속가능한 개발을 위한 환경교육은 지속가능한가?"의 일부를 본 장의 목적에 맞게 재편집한 것이다. development를 2004년 당시에는 '개발'로 번역해서 사용했으나, 오늘날은 '지속가능발전교육'에서처럼 development를 '개발'대신 '발전'으로 번역해서 사용하고 있어 본 장 역시 '발전'으로 사용하기로 한다.

2) 세계환경발전위원회는 1983년 UN의 결의에 따라 독립기구로 설치되었다. 이 위원회는 지구의 핵심적인 환경문제와 개발문제를 해결하기 위해 '지속가능한 발전'이라는 개념을 제시한다.

를 충족시키는 능력을 손실시킴 없이 현 세대의 욕구를 충족시키는 개발'을 의미한다. 또 보고서는 지속가능한 발전이란 고정된 조화로운 상태가 아니라, 변화의 과정이라고 설명한다(세계환경발전위원회, 1994: 75; Robinson & Tinker, 1996: 17).

'지속가능한 발전' 개념은 '지속가능성'과 '개발'이라는 두 가지 개념으로 이루어졌다. 지속가능성에 대해 보고서는 다음과 같이 답하고 있다. 첫째, 현재 살아가는 세계인 모두의 지속가능성이다. 즉 현 세대의 평등한 생존과 삶의 질을 충족시키기 위해 '세계의 가난한 사람들이 가지고 있는 기본 필요'에 일차적 우선 순위를 두고 있다. 둘째, 이 보고서가 말하는 지속가능성은 현 세대만이 아니라 미래 세대를 고려하고 있다. 즉 과거에는 고려하지 않은 자연의 한계성을 인정하자고 제안한다.

발전이란 무엇인가? 이에 대해 부룬트란트 보고서는 양면성을 보인다. 지속가능한 발전의 한 부분은 분명히 경제적 복지 증진을 위한 경제성장을 한 축으로 두고, 한편으로는 "… 개발에는 경제와 사회의 진보적인 변혁이 수반된다"(세계환경발전위원회, 1994: 75)라고 하면서 경제와 사회의 점진적 변화도 포함시키고 있다. 특히 이러한 지속가능한 발전으로서 '사회경제적 변화'는 '의제 21'을 통해 선진국에 대해서는 생활양식의 변화와 소비형태의 전환을, 개도국에 대해서는 경제와 사회의 변화 과정을 지칭하고 있다(문순홍, 1999: 270에서 재인용).

요컨대, '지속가능한 발전' 개념을 전면에 부각시킨 부룬트란트 보고서는 기존의 경제개발과 환경보존 간의 오랜 갈등을 '지속가능한 발전'이라는 하나의 개념으로 통합하고, 환경문제를 전면에 내세운 점에서 높게 평가할 수 있다.

또한 환경문제에 주목한 의제 선택을 확대했다는 점(문순홍, 1999: 270), 환경문제를 국제관계 및 세계경제란 관점에서 접근함으로써 개도국들을 위한 새로운 지평을 열었다는 점(문순홍, 1995: 234에서 재인용)에서 긍정적으로 평가된다.

이후 세계 여러 나라 환경정책과 환경교육은 지속가능한 발전과 결합하면서 발전한다. 그러나 이 개념은 '환경보존'과 '경제개발' 간의 오랜 갈등을 해결하기 위해 둘 간의 결합을 시도했다는 점에서는 긍정적이기는 하나, 실제로 갈등 해결에 기여하지 못한 한계도 지적된다.

2) 지속가능한 발전 개념의 한계

가. '지속가능성'의 모호함

첫째, '지속가능한 발전' 개념의 모호성에 대한 비판이다.

이 개념이 개발이냐 보존이냐의 갈등을 환상적으로 결합하여 조화를 추구하는 것처럼 보이지만, 실상은 정책결정자들이 '지속가능성(sustainability)'이라는 모호한 용어를 끌어들여 외적으로는 생태계를 지속하려는 의지를 나타내면서, 안으로는 경제성장을 지속할 수 있는 조건을 지속시키려는 속셈의 수사에 불과하다고 비판받는다(Bonnett, 1999: 314에서 재인용).

지속가능한 발전은 '지속가능성'과 '발전'의 결합어인데, 여기에서 '지속가능성'은 중립적인 용어가 아니다. 무엇이 지속되어야 하는가에 대해서 이 말을 사용하는 사람의 가치를 반영할 수밖에 없는 말이기 때문이다.

Redclift는 '무엇이 지속되어야 하는가?', '서로 다른 문화적 맥락 속에서 지속가능성이 어떻게 측정될 수 있는가?', '서로 다른 문화적 요구를 어떻게 정의할 수 있는가?'라고 묻는다(Barraza et al., 2003: 350). 즉, 지속가능한 발전 개념은 그 개념을 말하는 사람의 입장에 따라 지속가능성의 목적을 상이하게 가정하기 때문에, 한 사회문화의 요구를 충족시키는 것이 다른 사회문화적 요구를 배제하는 결과를 초래할 수 있음을 시사한다.

이러한 지속가능한 발전 개념의 모호함은 전 지구적 환경문제에 당면하여 기득권을 지닌 선진국의 이익을 은폐하거나 합법화하는 정치적 편익에 이용될 수 있는 문제점을 갖는다.

나. 경제 우위의 결합

둘째, 지속가능한 발전이 환경보존과 경제개발의 결합을 시도하지만, 철저하게 인간중심적 입장에서 경제에 우위를 둔 결합이라는 한계를 갖는다. 서구의 관점에서 볼 때 '개발'은 시장경제에서 파생된 개념을 의미하며, 경제적 성장이라는 의미에서의 경제개발을 의미한다. 따라서 '지속가능성'과 '발전'을 결합한 것은 환경보존이라는 초기의 동기를 대체에너지나 대체물을 찾음으로써 물질적 성장과 소비를 지속하려는 것으로 변질되기 쉽다.

생태여성주의자 Shiva에 의하면, 시장경제의 전망에서 보면 지속가능한 발전이란 불가피하게 이윤의 극대화와 자본의 축적으로 측정될 것이고 이 경우 자연과 인간의 경제학은 무시하게 된다. 진정한 지속가능성은 발전이 보존과 분리되지 않고 시장과 생산과정이 '자연의 순환'이라는 논리로 재형성되는 것을 의미한다. 즉, 중요한 것은 이윤의 논리가 아니라, 자연의 경제학이라는 것이다(Bonnett, 1999: 317에서 재인용).

Redclift 역시 이런 관점에서 다음과 같이 논의한다. 그에 의하면, 부룬트란트 보고서는 지속가능한 발전을 정의하는 데 있어서 경제적인 기준들은 고도로 충족시키면서, 상대적으로 생태계의 지속을 측정하는 변수들과 사회적인 복지를 충족시키기 위한 변수 개발은 배려하지 않는다(문순홍, 1999: 270에서 재인용).

부룬트란트 보고서는 지속가능한 발전을 위한 모든 시도가 경제적 이슈를 다루어야 한다고 가정한다. 즉, 무엇을 얼마나 생산하고 소비하는가? 부가 어떻게 창출되는가? 그런데 우리는 여기에서 문제에 직면하게 된다. 성장에 있어서 생태적 한계라는 것에 기초한 생태적 관점은 경제적 가치에 우선권을 두는 것과는 모순된다. 즉, 생태적 목적과 경제적 목적은 모순되며 각각은 상대방의 희생을 전제로 가능하다. 그런데 어떻게 경제적 성장도 이루고 생태적 지속가능성도 달성하는 것이 가능하겠는가?

이와 같이 지속가능한 발전 개념이 경제와 환경을 결합하고 있지만, 생태적으로 지속가능하지 않은 성장을 계속하면서 단지 생태적으로 체면을 세우기 위해 환경보존의 문제의식을 덧댄 것일 뿐, 여전히 경제개발을 우위에 둔 결합이라는 비판을 면하기는 힘들어 보인다.

다. 남북 간 형평성의 문제

셋째, 부룬트란트 보고서는 지속가능한 발전을 '미래세대의 욕구를 충족시키는 능력을 손실시킴 없이 현 세대의 욕구를 충족시키는 개발'이라고 정의하면서 세대간의 형평성을 고려하지만, 지금 현실적으로 존재하는 남북 국가 간의 형평성을 고려하지 못한 한계를 드러낸다.

이와 관련해서 문순홍(1999: 270)은 지속가능한 발전 개념은 스스로 지속가능한 발전 모델이 다양하다는 것을 인정하면서도, 암묵적으로 특정 발전 모델을 이미 전제하고 있다고 비판한다. 즉, 지속가능한 발전 개념은 자유무역을 통한 세계 자본주의 시장경제의 재활성화를 환경 위기에서 벗어나기 위한 가장 적극적인 해결 방안으로 천명하고 있어 처음부터 지속가능한 발전의 경제적 유형은 결정되어 있다고 보아야 한다는 것이다.

부룬트란트 보고서가 인류가 당면한 환경파괴에 대한 선진국의 책임을 제기하고, 개도국에 대한 배려 조항 및 구체적인 조치를 취하면서 국제 규모의 환경보호 행동이 개도국, 특히 빈민들에게 혜택을 줄 것을 가정한다. 하지만 개도국에서의 정치경제적 문제를 간과하였다는 비판을 면하기는 힘들다. 물론 부룬트란트 보고서 후속 작업으로 발표된 '의제 21'의 제 2장에서는 선진국들이 후진국에게 특별한 배려를 제공하는 가운데 범세계적으로 지속가능한 발전을 이루기 위한 국제적 협력에 관한 내용, 지구상의 빈곤퇴치를 위해 국가별 노력과 국제사회의 노력을 강조하는 점에서 국가 간의 형평성을 시도하고 있다고 할 수 있다. 즉, 부룬트란트 보고서가 말하는 지속가능한 발전의 의미는 세계 환경문제에 관해서 선진국의 관점만을 강요하며, 따라서 특히 남반구 국가의 진보와 발전에는 방해될 수 있다고 비판받는다(Robinson & Tinker, 1996: 19).

3. 지속가능한 발전을 위한 환경교육의 한계

지속가능한 발전 개념이 등장하면서 학교 교육과정과 대학 교육 프로그램의 변화에 기여한 것은 사실이다. 가장 큰 변화는 지속가능한 발전(또는 지속가능성)을 위한 환경교육은, 기존 환경교육이 환경에 관한 교육으로 환경에 관한 사실과 개념을 교과의 영역에서 탐구하는 것으로 간주하고 자연계와 사회체제 간의 통합성을 간과한 것과 달리, 하나의 교과에 국한된 환경교육의 차원을 넘어 환경문제에 대한 인식과 실천을 고양시키는 교육으로 지평을 확대하였다.

그런데 이상에서 살펴본 것처럼, 지속가능한 발전 개념 자체는 한계가 있다. 따라서 지속가능한 발전을 위한 환경교육 역시 한계를 갖는다. 환경교육3)의 궁극적 목적은 현재 벌어지고 있는 전 지구적 생태 위

---

3) '환경'은 인간을 중심에 두고 인간을 둘러싼 그 밖의 세계(자연)를 환경으로 파악할 때 사용하는 용어라면, '생태(계)'는 인간을 인간이 속한 세계의 일부로서 가정하는 용어라고 할 수 있다. 즉, 환경은 인간과 환경을 이분하는 반면, 생태(계)라는 용어는 인간과 세계를 일원론적으로 파악한다. 생태 위기의 원인이 이분법적 가정과 인간중심주의에 있다고 생각하기

기를 극복하기 위해 생태 위기의 원인인 환경에 대한 잘못된 인식과 그로 인한 잘못된 자연과 인간 간의 관계 맺음을 시정할 수 있는 것이어야 한다. 따라서 환경교육은 분명하게 생태 위기를 야기한 원인에 대한 비판과 그것을 극복할 수 있는 대안을 포함해야 한다. 생태 위기의 원인에 대한 다양한 생태주의 담론[4])이 상이하게 논의되는데, 이들은 공통적으로 서구의 이원론에 기초한 인간과 자연의 잘못된 관계 인식, 이와 관련된 인간중심주의, 자연을 정복과 지배의 대상으로 삼는 서구 근대 문명의 패러다임, 그리고 자본주의 시장경제 체제의 구조적 모순 등을 비판한다.

환경교육은 생태 위기의 원인이 되는 서구 근대 문명에 대한 비판에서 시작하고 그것을 핵심으로 삼아야 할 것이다. 그런데 오히려 '지속가능한 발전' 개념은 서구 중심의 문명의 지속과 자본주의 체제의 개발 지속을 가정하고 있다. 이것은 지속가능한 발전 개념이 인식론의 전환이나 가치의 전환과 패러다임의 전환을 논의하면서 대두된 개념이 아니라, 이미 평등하지 않은 국제사회의 질서를 반영한 개념으로 대두되었

때문에 '환경'이란 용어 대신 '생태(계)'라는 용어를 사용하는 것이 더 낫다고 생각한다.

4) 생태주의 담론을 근본생태론, 사회생태론, 영성생태론, 생태여성주의 등으로 대별할 수 있다. 근본 생태론은 개량적 환경주의에 대한 반발로 1970년대 등장했다. 노르웨이 철학자 A. Naess는 기존의 환경운동과 달리 자신의 입장이 근본적이고 광범위한 생태운동이라는 의미에서 근본 생태론이라고 한다. G. Bradford는 '근본 생태론은 얼마나 근본적인가?'라고 질문하면서 근본 생태론의 논의가 사회정치적 논의로 연결되지 못하는 점을 비판한다. 또한 근본 생태론은 생태여성주의로부터도 비판받는다. 즉, 근본 생태론자들은 자연에 대한 인간의 지배관계를 여성에 대한 남성의 지배로 연결짓지 못한다고 비판한다. M. Bookchin으로 대표되는 사회생태론은 근본 생태론의 관념적인 면을 비판하면서, 생태학에 '사회적'이라는 용어를 덧붙이고, 사회가 자연으로부터 분리될 수 없음을 강조한다(문순홍, 1999 참조).

기 때문이다. 이런 점에서 지속가능한 발전은 환경교육의 목적으로서 충분하다고 볼 수 없다.

또한 지속가능한 발전을 환경 교과에 국한하지 않고 교육 전반의 목적으로 추구할 경우에도, 생태 위기의 원인으로 비판받고 있는 서구 근대 문명의 인식과 실천을 더욱 가속화시킬 수 있는 문제가 생길 수 있다.

이와 관련해서 Sauvé(1999)는 '지속가능한 발전을 위한 교육'이 인식론적·윤리적·전략적 패러다임의 변화에 따른 것이 아니라, 모더니티(modernity)의 가치와 관행을 보존하려는 점에서 모더니티를 더욱 진전시키는 형태로 일어난다고 비판한다. 그에 의하면, 이런 과정을 통해 교육을 간단하고 목적을 달성하기 위한 도구적인 방식으로 간주하는 것이 문제라는 것이다(Barraza et al., 2003: 350에서 재인용).

이러한 비판과 맥을 같이하면서 Berryman은 포스트모더니즘의 입장에서 다음과 같이 비판한다. 즉, 오늘날과 같은 포스트모던(post-modern)한 사회에서 '지속가능한 발전'이라는 보편적인 진리와 목적, 보편적인 단일의 교육과정을 시도하는 것은 문제라고 비판한다(Barraza et al., 2003: 353에서 재인용).

모든 국가, 모든 국민, 모든 연령 대 사람들, 모든 상황과 교육과정에 지속가능한 미래를 위한 교육이라는 글로벌하고 전체적이며 유일한 비전을 제시하는 것은 전체주의적이고 전지전능한 초모더니티(hypermo-dernity)의 형태이다. 이것은 서구 자본주의와 산업사회의 기반이 되는 모더니티를 허약하게 하는 측면을 더욱 악화시킬 것이고, 이러한 것을 지구 모든 곳에 전파하게 될 것이다.

요컨대, 지속가능한 발전을 위한 교육의 문제점은 첫째, 지속가능한 발전 개념 자체는 환경 위기의 주범으로 간주되는 서구 근대문명의 지속을 전제하는 문제점을 갖는 점에서 환경교육의 목적으로 타당하지 않다. 둘째, 지속가능한 발전이 오히려 현 생태 위기를 야기한 서구 근대 문명의 기반인 모더니티의 가치와 실천의 지속을 전제하며, 이 과정에서 교육을 수단시하고 도구화할 수 있다. 셋째, 포스트모더니즘의 입장에서 볼 때, 보편적인 단일의 교육목적이나 교육과정을 적용하려는 것의 문제점 등으로 요약할 수 있다.

이러한 문제의식을 공유하면서 지속가능한 발전 개념 자체도 그 지평을 넓혀 가고 있다. 지속가능한 발전 개념이 초기에는 '환경과 조화된 지속가능한 발전(ESSD: Environmental Sound & Sustainable Development)'이라는 것으로 주로 환경정책과 환경교육에 국한해서 관련되었었다.

그런데 2015년 MDGs(Millenium Development Goals)의 뒤를 이어 채택된 SDGs(Sustainable Development Goals)는 발전을 가난한 국가의 아젠다로 보기보다 모든 사람들과 나라들의 공동책임인 세계적인 문제로 보도록 촉구하면서 인류의 생태에 대한 책임감과 지구의 미래에 대한 책임감을 포함하면서 지속가능발전교육의 통합적 목적을 꾀하고 있다(이경한 외, 2017: 32). 이러한 시도 자체는 지속가능발전교육이 인간과 환경의 이분법적 구도를 넘어 인간 간의 상호관계를 넘어 인간과 지구 생태계 간의 상호관계성을 인식할 수 있는 것으로 확대돼야 함을 의미한다.

　이경한 외(2017)가 지속가능발전교육(ESD: Education for Sustainable Development)이 환경교육을 넘어 글로벌 시민 의식 고양을 강조하는 국제이해교육과 맥을 같이 해야 함을 역설하는 것도 이런 맥락에서라고 생각된다.

4. 지속가능한 생태 시민교육의 탐색

이상에서 지속가능한 발전 개념의 한계와 이것을 교육 목적으로 추구하는 것의 한계를 살펴보았다. 그렇다면 이러한 한계를 극복할 수 있는 지속가능한 교육의 방향은 무엇인가?

1) 근대교육 패러다임의 극복과 생태학적 패러다임의 요청

　오늘날 인류가 직면한 환경문제의 근본적 해결은 인류 문명이 근거하고 있는 인간과 자연을 이분하는 근대적 패러다임으로부터 인간 역시 자연의 일부임을 인정하고 새롭게 인간과 자연의 관계를 정립하는 것이다. 이것은 자연과 인간을 분리하는 이원론적 인식, 자연을 타자화하고 대상화하는 인간중심주의, 자연을 탐구와 지배 대상으로 간주하는 도구적 자연관과 세계관의 극복을 의미한다.

앞에서 살펴보았듯이, 지속가능한 발전을 중심으로 이루어지는 정부 주도의 환경정책은 한계가 분명해 보인다. 따라서 인류세라고 칭해지며 기후 위기가 말해지는 오늘날, 지속가능한 삶과 교육을 위해서는 현재 문명이 근거하고 있는 근대 문명에 대한 비판과 근대교육의 패러다임을 넘어 생태주의적 패러다임으로의 전환이 절실해 보인다.

가. 근대적 세계관과 근대문명 비판

인간중심주의에 기반한 근대 계몽주의적 세계관은 인간 영역의 무한한 확장을 초래하였고, 모든 것을 인간의 관점에서만 정당화하였다. 따라서 자연과 나 아닌 타인의 상호주관적 세계는 무시되고 주체 중심의 이원론에 입각하여 나 이외의 세계를 대상화하고 비인격적인 실체로 파악한다. 따라서 자연은 인간의 삶과 행위로부터 분리되어 인간의 지배대상으로 탈가치화되어 버렸다(이진우, 1998).

파괴와 황폐함이 벌어지고 있는 지금 그러한 힘을 통제하기 위해 할 일 차적인 일은 그러한 힘을 통제할 수 있는 사람, 즉 자부심 있고, 신념이 있으며, 자기존중감이 있고, 협동적인 사람을 기르는 일이다. 판매하기 위해 만들어진 사람, 기계에 맞도록 손질된 사람이 아니라, 자신의 모든 힘을 사용함으로써 너무 쉽게 기계에 대체되는 자신의 기능을 되찾고 완전한 삶의 궤도 속에서 목적을 기획하는 사람을 의미한다. 만일 우리의 삶의 양식과 교육이 이러한 사람을 많이 길러낼 수 있다면, 점점 발가벗겨지고, 환경에 적대적인 삶을 살지 않을 수 있을 것이다(Mumford;

Orr, 1992에서 재인용).

Mumford 역시 근대문명이 야기한 파괴와 황폐함을 비판한다. 그는 이것을 해결할 방법을 서구 근대 환원주의적 과학적 사고방식에서 찾지 않는다. 가치중립적이고 기술적인 해결책을 강구하는 대신, 자연과 인간 간 상호관계적 관계성을 파악할 수 있는 생태적 소양을 갖춘, 즉 생태적 문해를 갖춘 사람으로 교육하는 일에 희망을 걸고 있다.

나. 상호관계성에 기초한 생태학적 패러다임

생태학(ecology)은 특정 학문 분야에 국한하는 것이라기보다는 어원인 희랍어 오이코스(oikos: 집)에 관련된 의미를 갖는다. '생태학적'이라는 것은 첫째 집과 거처라는 것이 반드시 대지를 재료로 하여 대지 위에 세워질 수밖에 없기 때문에 대지에 뿌리를 두고 있으며, 둘째 거기에 거주하는 자의 삶을 확장시키고 가능한 한 욕구를 충족시키기 위해 의도되었다고 할 수 있다. 셋째, 인간중심적이 아니라 생태중심적 관점을 향해 열려 있는 의미를 갖는다(박이문, 1997).

생태학의 어원에서 볼 때, '생태(학)적'의 의미는 집과 살림살이가 위기를 맞고 있다는 데서 나온 세계관과 인간관이라고 할 수 있다. 즉, 생태학적 패러다임은 삶의 한 부분이 아니라 삶 자체와 살림하는 집이 근본에서부터 무너지기 시작하고 있다는 것에 대한 각성을 요청한다. 이런 점에서 생태학의 중심 개념은 '생명'이요, '생명 살리기'이다. 따라서 생명의 침범할 수 없는 존엄성에 대한 경외심이 생태학적 세계관의 정신적 분위기를 이룬다.

생태학적 패러다임의 특징은 서구 근대적 사고가 가정하는 주체 대 객체의 이분법을 비판하면서 일원론적 입장을 지지한다. 즉 인간과 인간, 인간과 세계(자연)의 관계에서 주체와 대상을 분리하지 않는 일원론적 관점에서 상호관계성을 전제한다. 서구 근대적 세계관은 인간의 이성 중심적 사고방식으로 자연을 대상으로 보는 도구적 자연관을 도출하고, 도구적 자연관은 인간에 의한 자연의 무제한적 정복과 약탈을 정당화해 왔다. 그 결과는 현재 인류가 직면한 여러 생태 위기에 다름 아니다. 이제 그러한 세계관의 지속으로는 문제 해결이 어려워 보인다. 따라서 생태학적 패러다임으로의 전환이 요청되는 것이다.

이러한 생태주의 관점에 기초한 생태주의 교육학은 탈인간중심적 관점에서 인간과 자연의 상생 정신에 기초하여 생태적 자아실현, 지식의 생태적 연관성, 융합형 인간상, 통합에 기초한 생태적 교육방법 등을 강조한다(노상우, 2015).

상호관계성의 관점에서 서로가 서로를 살리는 상생의 정신을 잘 보여 주는 것으로 한국의 동학 전통을 들 수 있다. 동학의 근본 명제는 '하늘로써 하늘을 먹인다(以天食天)'[5]로 요약할 수 있다. 이것은 모든 존재가 다 하늘인데, 하늘의 일부가 또 다른 일부를 먹고 먹여 준다는 뜻이다. 살아 있는 생명치고 살려는 의지 하나만으로 살 수 있는 것은 없다. 살려고 하는 '자기를 위함'과 함께 '타자를 위함'이 반드시 있어야 생

---

5) 동학에서 '天'의 개념은 인간을 포함한 자연 전체를 뜻한다.

주제 중심의 시민교육 방법 탐색

명이 가능하다. 모든 생명은 서로 연결되어 있기 때문이다. 예를 들어 우리가 먹는 한 그릇의 밥도 여러 생명의 연결망에 기대어 만들어진다. 어머니가 아이를 살 수 있도록 젖을 주는 것 역시 자기 아닌 다른 생명을 위해 자기를 내어 주는 것이다.

이와 같이 타자를 위한 내어 줌이 있어야 생명이 가능하다. 동학의 기조는 서구 이성 중심의 지배-착취의 이분법적 논리로부터 하나의 생명이 다른 생명과 연결되어 있다는 상호관계성에 기초하여 하나의 생명을 살리기 위해 자기 자신을 내어 주는 섬김의 논리로 회복되어야 함을 역설한다. 이것은 서구 근대교육관이 보여 주는 나와 타자를 분리하고 지배하는 관점이 아니라 서로가 서로를 살리는 상생의 정신을 요청한다.

2) 지속가능성과 교육

가. 기술적 지속가능성과 생태적 지속가능성

Orr(1992)는 실제로 지속가능성이 다양하게 해석될 수 있는 모호함을 갖고 있음을 지적하고, 지속가능성에 대해 공식적으로 언급한 부룬트란트 보고서 역시 두 가지 의미의 지속가능성을 갖는다고 말한다.

지속가능성은 '기술적 지속가능성'(technological sustainability)과 '생태적 지속가능성'(ecological sustainability)으로 나눠 볼 수 있다 (Orr, 1992: 24-38). 기술적 지속가능성을 옹호하는 입장은 인류가 당면한 생태 위기의 모든 문제를 기술로 해결할 수 있다고 본다. 지속불가능한 원인을 부족한 과학 기술에서 찾고, 따라서 인간의 자연에 대한 전적인 통제력을 가정하며 기술발전을 통해 생태 위기를 해결하고자 한다. 한편, 생태적 지속가능성을 옹호하는 입장은 인류가 처한 위기가 쉽게 해결되지 않을 것이며, 따라서 우리가 해오던 것보다 훨씬 궁핍하게 살 수 있는 성품을 길러 낼 수 있어야 하며, 그렇게 할 수 있는 데 필요한 스킬을 획득해야 한다고 보는 입장이다. 따라서 시민의 역할과 생태학적 문해를 갖춘 시민 양성을 강조한다. 또한 새로운 지식 창출보다는 대지와 대지의 기능에 관한 전통적인 지식을 회복하고 보존하려고 하며, 자연을 주택, 도시, 농장, 기술, 경제 등의 본보기로 삼고자 하며, '상호연계성' 개념에 관련된 인식론에 기초한 입장이다.

물론 Orr도 지속가능한 사회를 위해 생태적 지속가능성만 가능하다고 보지는 않는다. 기술적 지속가능성 역시 지구라는 생명체의 생체 신호를 안정시키는 데 필요하다. 그러나 생태적 지속가능성은 인간의 한계를 인정하며, 지속가능한 사회를 위해 기술보다는 구성원인 시민의 역할을 중시하고, 새로운 지식의 창출보다는 대지와 대지의 기능에 관한 전통적인 지식을 회복하고 보존하려고 한다. 요컨대, 궁극적으로 Orr의 주장은 근대적 세계관과 근대적 관행을 극복하고 근대 이후로의 전환을 지향하고 있는 점에서 기술적 지속가능성을 인정하기는 하지만, 궁극적으로는 생태적 지속가능성을 지향하고 있다고 할 수 있다.

Orr는 지속가능성을 기초로 교육이 생태학적 문해를 길러 줄 수 있어야 함을 역설한다. 그는 생태학적 문해란 관계성(connectedness)을 볼 수 있는 마음의 결이라고 강조한다. 이것은 바로 생태학적 패러다임의

주제 중심의 시민교육 방법 탐색

주요 특징인 상호관계성에 대한 인식에 다름 아니다. Orr(1992)의 생태학적 문해 교육에 대한 주장을 구체적으로 보면, 상호관계성을 파악할 수 있는 지식(knowing), 삶과 삶을 보존하는 것에 헌신할 수 있는 배려(caring)의 태도와 청지기 정신(stewardship), 그리고 이 두 가지에 기초해서 실천할 수 있는 능력(practical competence) 세 가지로 제시한다. 즉, 지성과 감정을 모두 요청하며 그것을 기초로 실천할 수 있는 능력을 강조한다.

Bonnett(1999; 2003a; 2003b) 역시 정책으로서의 지속가능한 발전 이외에 '마음의 틀로서의 지속가능성(sustainability as a frame of mind)'을 발달시키자고 제안한다. 이것은 결국 인간과 자연과의 옳은 관계를 어떻게 볼 것인가를 다루는 것으로 인간의 마음의 형성과 발달을 위한 가치를 핵심으로 한다.

나. 지속가능한 교육을 위하여

오늘날 생태 위기의 근본적 해결은 서구 근대 문명의 패러다임에서의 자연과 인간을 분리하는 이원론적 인식, 인간중심주의, 자연을 탐구와 지배 대상으로 간주하는 과학적 세계관을 극복하는 데 있다고 생각한다. 따라서 지속가능한 교육을 위해서는 우리가 익숙하고 편안하게 살고 있는 것의 기초인 문명 비판과 근대 과학적 패러다임의 전환을 역설하는 생태주의의 목소리에 주목해야 한다. 이들은 지속가능한 발전을 중심으로 이루어지는 정부 주도의 환경정책, 자본주의 시장의 세계 경제구조하에서는 현재의 환경문제를 해결할 수 없다고 비판하고 생태주의 패러다임으로의 전환을 주장한다. 이러한 인식의 전환은 일부 제도의 개선이나 정책의 시행을 의미하는 것이 아니다. 근본적인 수준에서 현대 산업문명을 떠받치고 있는 패러다임의 전환을 의미하는 것이다. 현재 인류가 직면한 문제 해결을 위해서는 단순히 정책 기조의 변화가 아니라, 가치관과 인식의 전환이 필요하다. 바로 교육이 그러한 가치관으로 사회와 세계를 바라볼 수 있는 시민을 길러 내야 할 것이다.

　물론 이러한 변화는 쉽지 않을 것이다. 그러나 Milbrath(2001)는 '변화를 거부하면 우리 모두 오히려 변화의 희생자가 될 것'이라고 경고하면서 환경정책의 근본적 전환을 위하여 지배적인 사회적 패러다임에서 새로운 생태적 패러다임으로의 전환을 요청하는 것이다.

　지속가능한 교육을 위해서는 정책으로서의 '지속가능한 발전' 너머를 지향해야 한다. 오늘날 환경문제의 근본적인 원인은 결국 자연에 대한 잘못된 인식으로 인해 자연과 인간의 관계에 문제가 생긴 것이다. 따라서 지속가능한 교육은 인간과 자연 간의 관계에 관해 묻는 것을 주된 내용으로 삼아야 한다. 즉 인간을 포함한 생태계 전체 생명과의 관계를 검토하고 지속가능한 생태계라는 상호관계성에 기초한 시민성 함양, 즉 생태시민성 교육의 성격을 지녀야 할 것이다.

5. 생태적 시민성과 민주시민교육

　본 장은 21세기 시민교육을 위해 고려해야 할 시민성으로 생태적 시

　주제 중심의 시민교육 방법 탐색

민성의 필요성과 중요성을 탐색하는 장이다.

교육기본법에도 명시된 것처럼, 민주시민으로 기르는 것은 우리 교육의 이념이다. 그러나 실제로 학교교육이 민주시민 양성에 효과적으로 그 역할을 다했다고 보기 힘들다. 더욱이 해방 이후 교육의 모습에서는 정권이나 체제 유지를 위한 내용 전달에 그친 적도 있었다. 이런 반성에서 21세기 시민교육은 민주주의에 토대를 두고 이루어져야 함을 강조하면서 '민주'시민교육을 강조한다.

교육은 홍익인간의 이념 아래 모든 국민으로 하여금 인격을 도야하고 자주적 생활능력과 민주시민으로서 필요한 자질을 갖추게 함으로써 인간다운 삶을 영위하게 하고 민주국가의 발전과 인류공영의 이상을 실현하는 데 이바지하게 함을 목적으로 한다(교육기본법 제 2조).

21세기에 갖추어야 할 시민성은 무엇일까?

Biesta(2019)는 시민성을 사회적 시민성+도덕적 시민성+정치적 시민성으로 구성된다고 강조한다(심성보, 2019: 35에서 재인용).

① 사회적 시민성은 시민성을 사회통합과 사회결속 그리고 사회의 원활한 작동의 관점에서 보는 것으로, 시민성교육은 좋은 사회적 상호작용이나 한 사회의 법, 통치, 관습에 따르도록 하는 기술을 가르치는 역할을 한다.

② 도덕적 시민성은 개별 시민들이 책임감, 존경심, 관용 같은 덕성과

자질을 갖는 것과 관련된다. '사회적 시민성'이 사회구조의 힘에 초점을 둔다면, '도덕적 시민성'은 개인의 자질과 행동에 주목한다.

③ 정치적 시민성은 시민성을 정치적 정체성으로 보며, 시민성과 민주주의 사이의 본질적 연관성을 강조한다. 정치적 시민성에 강조해야 할 것은 시민으로서 권리이다. 자신이 갖는 권리가 무엇인지 인식할 수 있게 한다. 그러나 권리는 항상 의무와 짝을 이루므로, 자신의 권리를 행사하는 것이 민주사회를 구성하는 가치들과 조화를 이룰 수 있도록 해야 한다.

이와 같이 시민성을 포괄적으로 이해했을 때, 본 장에서 강조하는 '생태시민성'은 어디에 포함되는 것일까? 생태시민성은 기후 위기를 비롯한 생태 위기의 문제에 직면하여 새롭게 요구되는 시민성이라고 할 수 있다. 그러나 '생태시민성'은 이상의 시민성에 부가적으로 한 개념을 추가하자는 의미는 아니다.

생태시민성은 환경문제를 야기한 사회구조적인 측면에 문제의식을 갖고 이를 생태적으로 건전하게 조정하고 재구성할 수 있는 능력, 거시적이고 총체적인 관점으로 인간과 자연의 관계 및 사회와 자연의 관계를 바라볼 줄 아는 안목, 정의와 사회정책적인 분배에 대한 문제의식 등을 갖춘 시민이 특성이다. 이것은 기존의 시민성 개념에 환경에 대한 고려를 추가하는 식의 시민성의 개념적 확장이 아닌, 환경문제를 정의롭게 해결하는 시민 양성을 목표로 새로운 틀을 만들고 이를 적극적으로 실현해 내는 시민에 대한 논의다(김소영·남상준, 2012).

생태시민성은 새로 추가되는 부가적 항목이라기보다는 전 인류에게 해당되는 생태 위기에 앞서 생태적 관점에서 시민이 지녀야 할 사회적·도덕적·정치적 시민성이라고 할 수 있다. 예컨대, 생태주의의 주된 특징인 상호관계성은 사회적 상호작용의 중요성을 강조한다. 또한 생태적 시민성을 고려한다면 인간들 간의 상호배려를 넘어 인간과 자연 간 상호 배려를 생각할 수 있다. 생태주의를 고려한 정치적 시민성으로는 에너지 보존과 기후 위기의 주범인 탄소줄이기를 위해 시민으로서 해야 할 실천들을 구상해 볼 수 있을 것이다.

21세기 현재, 이상에서 살펴본 생태시민성을 갖춘 시민을 기를 수 있는 시민교육이 시급하다.

생태시민성을 갖춘 시민에게 요구되는 것으로 시스템적 사고, 정량적 사고, 감정이입적 사고 그리고 의사소통 능력을 들 수 있다(김소영·남상준, 2012).

① 시스템적 사고

환경을 시간과 공간 내에 특화되어 있는 주요 생태계 구성 요소들 간의 연결성으로 이해할 수 있게 한다.

② 정량적 사고

생태계의 가변성을 이해하고, 불확실성을 염두에 두고 실천하는 데 필요한 사고이다.

오늘날의 재해나 환경문제는 불확실성의 성격을 띠고 있어 전문가들도 정확하게 파악하기 힘들다고 말한다. 하지만 시민들은 지금 여기에서의 나이 선택과 실천이 지구 전체의 환경과 미래에 어떠한 영향을 미칠지 정량화해 볼 수 있어야 할 것이다.

③ 창의적이고 감정이입적인 사고

창의적이고 감정이입적인 사고는 창의적으로 생각하고 다른 유기체들과의 공감하는 데 필요한 사고다.

④ 의사소통 능력

이상의 사고 능력 외에 생태시민성 역시 민주시민성의 구성 요소로 강조되는 의사소통 능력이 필요하다.

또한 생태시민성을 발휘하기 위해서는 상호관계성을 인식할 수 있는 지적 능력 외에도 삶(생명)과 생명을 보존하는 것에 헌신할 수 있는 배려(caring)와 그것을 지키려는 태도(stewardship) 그리고 무엇보다 생활 속에서 실천할 수 있는 역량(practical competence)이 필수적이다. 21세기 학교시민교육은 이러한 생태시민성을 길러 줄 수 있어야 할 것이다.

참고문헌

교육부(1994a). 중학교 교육과정. 대한교과서 주식회사.

교육부(1994b). 고등학교 교육과정. 대한교과서 주식회사.

교육부(1997a). 중학교 교육과정. 대한교과서 주식회사.

교육부(1997b). 고등학교 교육과정. 대한교과서 주식회사.

교육부(1997c). 고등학교 교육과정 해설(V. 15. 교양). 대한교과서 주식회사.

교육부(2015). 초·중고등학교 2015 개정교육과정.

김귀성·노상우(2003). 생태주의와 교육. 현대교육사상. 서울: 학지사.

김소영·남상준(2012). 생태시민성 개념의 탐색적 논의: 덕성과 기능 및 합의 기제 를 중심으로. 환경교육 25(4). 105-116.

김다원(2020). 초등 2015 개정교육과정에 포함된 지속가능발전교육(ESD) 관련 목 표와 내용 탐색. 국제이해교육연구 15(1). 1-31.

김지하(2003). 생명학2(21세기와 생명사회론). 서울: 화남.

남상준(1997). 환경 교육론. 서울: 대학사.

노상우(2015). 인간과 자연의 상생을 위한 생태주의 교육학. 서울: 교육과학사.

문순홍(1995). 교양환경론. 서울: 따님.

문순홍(1999). 생태학의 담론. 서울: 솔.

박이문(1997). 문명의 미래와 생태학적 세계관. 서울: 당대.

세계환경발전위원회 편(1987). *Our Common Future*(우리 공동의 미래). 조형준, 홍성태 역(1997). 서울: 새물결.

심성보(2019). 민주시민교육이란 무엇인가? 학교민주시민교육의 세계적 동향과 과제. 서울: 살림터.

유네스코 한국위원회 편(2018). 문답으로 풀어보는 지속가능발전목표(SDG) 4-교 육 2030.

이경한 외(2017). 국제이해교육 관련개념 분석을 통한 21세기 국제이해교육의 지향성에 관한 연구. 국제이해교육연구 12(1). 1-47.

이순희·최동진(2019). 그레타 툰베리와 함께하는 기후행동: 기후 위기, 행동하지 않으면 희망은 없다. 남원: 빈빈책방.

이진우(1998). 녹색사유와 에코토피아. 서울: 문예출판사.

정윤경(2004). 지속가능한 개발을 위한 환경교육은 지속가능한가? 교육철학연구, 32, 181-198.

Barraza, et al.(2003). Environmental Education: from Policy to Practice. *Environmental Education Research.* 9(3), 347-357.

Biesta, G.(2019). 민주주의, 시민성 그리고 교육: 의제에서 원칙으로. 배움을 넘어서: 미래를 위한 민주시민교육. 학교민주시민교육포럼, 6월 22일.

Bonnett, M(2003a). Issues for Environmental Education. *Journal of Philosophy of Education.* 37(4), 691-705.

Bonnett, M.(1999). Education for Sustainable Development: Philosophy for Environmental Education? *Cambridge Journal of Education.* 29(3), 313-324.

Bonnett, M.(2003b). Education for Sustainable Development: Sustainability as a Frame of Mind. *Journal of Philosophy of Education* 37(4), 675-690.

Braidotti, R.(2013). *The Posthuman*(포스트휴먼) 이경란 역(2015). 파주: 아카넷.

Milbrath L.(1989). *Envisioning the Sustainable Society: learning our way out*(지속가능한 사회: 새로운 환경 패러다임의 이해). 이태건 외 역(2001). 서울: 인간사랑.

Orr, D.(1992). *Ecological Literacy.* NY: State Univ. of New York Press.

Robinson, J. & Tinker, J.(1996). *Reconciling Ecological, Economic and Social Imperatives: Towards an Analytical Framework.* The International Development Research Center.

https://post.naver.com/viewer(기후변화의 정의와 원인)

3장

의사소통교육과 시민교육

서현석

전주교대 국어교육과

인공지능 사회를 맞아 우리는 소통 상황에서 만나게 될 대화의 상대방이 내가 잘 아는 사람이거나 혹은 그 사람이 누구인지 명확히 알 수 있는 대상일 것이라는 기대를 버려야 한다. 즉, 내가 표현하는 어떠한 의미를 이해할 상대방은 지구 반대편에 거주하며 나와는 전혀 다른 문화와 환경에 속한 사람일 수 있으며, 누구인지 정확히 인식할 수 없는 불특정 다수일 경우도 있고, 심지어 인간의 대화 방식을 학습한 기계일 수도 있다. 이렇듯 급변하는 의사소통의 상황을 고려할 때, 지금 우리가 교육적 측면에서 좀 더 중점을 두어야 할 것은 효율적인 소통의 방식이나 표현 방법을 습득하는 것이 아니라 의사소통에 임할 때 우리가 취해야 할 바람직한 관점을 설정하고 그에 합당한 이해와 표현의 방식을 탐구해 나가는 능력일 것이다.

　지금까지 의사소통교육 연구에서 '관계'의 문제가 중요하다는 논의는 종종 있었으나 충분히 다루어지지 못했다. 이와 관련하여 임칠성(2011)에서는 "화법 교육을 논하면서 관계의 문제를 논하지 않는다는 것은 화법을 인간과 삶의 문제가 아니라 언어의 차원으로만 묶어두는 것으로, 올바른 교육적 처사가 아니다"라고 지적한 바 있다. 이러한 문제의식은 인간의 의사소통이 본질상 언어의 문제가 아니라 소통의 문제요, 정체성의 문제이며, 집단 문제 해결의 실천적인 행위의 문제라는 논의로 이어진다.

전통적으로 국어교육을 비롯한 언어교육의 관점에서 진행되어 온 연구들은 가치 지향을 금기시하고 가치 중립을 고수해 왔다. 특정한 가치관이나 태도를 지향하는 교육의 내용은 특정 교과(예를 들면, 도덕 혹은 윤리 교과)의 몫이거나 개인의 판단에 맡겨야 하지 언어 교과에서 다루어야 할 성질이 아니라고 여겨 온 것이다. 이러한 관점이 일면 타당하다 할지라도 이는 학교 교육을 통해 의사소통의 다양한 '기능'과 '방법'을 세세히 가르쳐 왔지만 근본적으로 왜 그러한 방식으로 의사소통을 해야만 하며 무엇을 위해 의사소통해야 하는지에 대해서는 충분한 답을 주지 못한다는 점에서 중대한 결함이 있다.

이제 인공지능(Artificial Intelligence, AI) 시대를 맞이한 우리에게 다양한 의사소통적 상황에서 쏟아지는 정보와 미디어의 노출에 맞서 '왜 이런 뜻으로 해석하고, 왜 이러한 방식으로 표현해야 하는가?' 등과 관련한 좀 더 근본적인 질문으로써 의사소통교육이 지향해야 할 바를 모색해야만 한다. 이러한 논의는 세계시민으로서 미래 사회를 살아갈 학습자들을 위한 의사소통교육이 지향해야 할 점을 구체화하는 일과 다름이 아닐 것이다. 이에 이 글에서는 인간 의사소통의 특성을 점검하고, 미래 세대를 위한 의사소통 능력과 미디어리터러시 역량의 의미를 간략히 살펴볼 것이다. 그런 다음 시민교육을 위한 의사소통교육의 지향점으로서 '배려적 사고'를 반영한 의사소통 과정 모형을 제안하고자 한다.

1. 인간 의사소통의 특성과 교육의 필요성

1) 인간 의사소통의 특성

의사소통을 통하여 인간은 자신과 여러 관계를 맺은 타자들과 삶을 공유해 나갈 수 있다. 예를 들면, 어떤 한 사람의 '존재'는 출생 이전부터 가족 간의 관계적 대화 속에서 그 의미가 생성되고 발전하기도 한다. 또한 우리가 일평생 동안 겪는 무수한 의사소통의 과정에서 다양한 문화적 반응과 판단에 의해 개인의 정체성은 계속해서 변화하며 구성된다. 즉, 의사소통에 투영되는 개인의 고유성 혹은 '나는 누구인가?'에 관한 생각은 특정한 관계를 맺은 누군가와의 의사소통 과정에서 형성되는데, 이는 지속적으로 변화해 가는 것이다.

인간 의사소통의 일반적인 특성 중 하나를 꼽으라고 한다면 '지각의 편향'을 들 수 있다(임택균·서현석, 2017). 이 말은 인간이 자신의 관점에서 '선택적 의사소통(selective communication)'을 한다는 뜻이다.

신지영(2014)에 의하면, 모국어를 습득하는 과정은 말소리를 귀로 듣지 않고, 머리로 듣는 연습을 하는 과정이라고 해도 지나친 표현이 아니다. 즉, 모국어를 습득하게 되면서 우리의 귀는 모국어의 의미있는 차이를 주목하는 데에만 익숙해지기 때문에 '귀'가 익숙해졌다고 표현하기보다는 '뇌'가 그러한 해석에 익숙해졌다고 표현하는 것이 좀 더 정확하다는 것이다.

이러한 선택적 의사소통은 인간이 의사소통을 위해 특정한 기호를 선택하여 사용하기에 붙여진 용어인데, 인간이 사용하는 그 기호 중에서 가장 대표적인 것은 바로 언어이다. 선택적 의사소통은 우리가 언어와 소리를 결합시켜 각자의 느낌, 사고, 사건, 대상 등을 다양한 방식으로 표현하는 것을 가능케 한다. 발화자는 선택적으로 의사소통할 수 있는 능력이 있기 때문에 자신이 의도하는 메시지를 수신자에게 어떻게 보낼 것인지를 결정할 수 있게 된다.

[그림 3-1]는 인간 의사소통의 구성요소를 보여 준다. [그림 3-1]에 제시된 의사소통의 주 요소는 의사소통자의 지각, 의사소통 과정, 발화자와 메시지, 경로, 수신자와 메시지, 피드백, 의사소통의 장애(소음), 맥락 등이다. 그중에서 특히 주목하고자 한 것은 의사소통자(발신자와 수신자)의 하단에 제시된 하위 의사소통 요소들, 다시 말해 참조자료(source)인데, 이들을 통틀어 의사소통자의 '지각'이라고 칭할 수 있다. 세계를 보는 방식으로서 '지각'은 의사소통적 자극을 해석하는 데 큰 영향을 미친다. 그러한 이유는 의사소통의 참여자를 구성하는 많은 요소들이 '지각적 필터'를 형성하고 이를 통해 의사소통이 진행되기 때문

의사소통의 환경

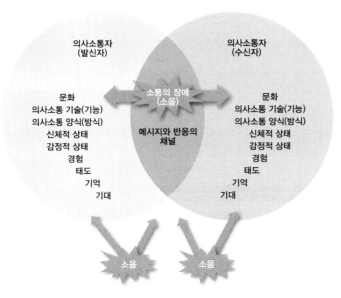

[그림 3-1] 인간 의사소통의 구성 요소

출처: Roy M, Berko et.al, 2013: 6

이다. 각각의 의사소통자를 구성하는 요소에는 문화(우리가 가지고 있는 배경적 세계관), 의사소통 기술(경험과 훈련을 통해서 발달된), 신체적·정서적 상태(특정한 시간에 어떻게 느끼는지), 경험(문화적 배경), 태도(어떤 특정한 자극에 반응하는 긍정적, 부정적 경향), 기억(정보를 저장하고 기억해 내는 능력), 기대(기대하는 것이 이뤄짐) 등을 포함한다. 이러한 개인별 지각의 차이 때문에 두 사람이 동일한 사건을 관찰하고도 전혀 다른 결과를 제출하기도 한다.

이러한 점에서 우리 모두는 의사소통 과정에서 각자의 고유한 지각적 필터를 통해 메시지를 부호화하고 해독한다고 볼 수 있다. 개인의 지각적 필터는 의사소통의 결과를 위한 기대를 형성하기도 하고 의사 소통자의 메시지를 해석하는 지침이 되기도 한다. 예를 들어, 어느 특정 사건에 대하여 방송국의 제작진이 긍정적인 측면에 초점을 맞추어 뉴스를 일관된 관점으로 제작하였을지라도 해당 사건이나 뉴스 매체에 대해 부정적인 선입견을 갖고 있는 시청자는 부정적으로 해석할 것이다. 발신자와 수신자의 지각적 필터가 서로 다르기 때문이다(김재봉, 2016).

2) '편향된 지각'의 위험성과 '해석'에 관한 교육의 필요성

'자율시스템'은 3차 혁명이라고 불리던 지식정보화 시대와 구별되는 4차 혁명, 즉 인공지능 시대의 중요한 특징으로 언급된다. 즉, 얼마 전까지는 인간이 설계하고 투입한 정보만으로 작동되었던 기계들이 이제는 스스로 정보를 수집·처리할 뿐만이 아니라 의사결정을 하는 단계에 이르렀다는 것이다. 그래서 인공지능 시대의 경우 알고리즘의 설계 단계에서 특정한 제한 사항을 고려하지 않으면, 다시 말해 특정한 편향을 임으로 배제하도록 설계하지 않으면 알고리즘 편향(Algorithm Bias, AB)은 언제나 발생할 가능성이 높다는 우려를 낳고 있다.

알고리즘 편향의 대표적인 예로는 '인공지능 대화 로봇 테이(Tay)'의 경우를 꼽을 수 있다. 테이는 2016년 3월 마이크로소프트사가 제작한 인공지능 대화 프로그램으로 출시 16시간 만에 서비스가 중단되는 사태를 맞았다. 테이가 대화 서비스를 시작하자 백인 우월주의자, 여성 혐오주의자, 이슬람과 유태인 혐오주의자들이 몰려들어 인종차별적 발언을 서비스망에 올림으로써 의도적인 '편향'학습을 유도했던 것이다. 그 결과 인공지능 대화 로봇 테이는 다른 사용자와의 대화 과정에서 자율적으로 학습한 내용에 의해 독재자 히틀러를 찬양하고, 페미니스트를 증오하는 폭언을 쏟아내었다. 이러한 문제로 인하여 야심차게 준비했던 대화 로봇 서비스는 개시 당일에 중지되고 말았다.

대화 로봇 테이의 경우처럼, 빅데이터를 기반으로 한 자율 시스템 방식의 인공지능 학습은 받아늘이는 지식 내용의 출처가 특정 집단에서 비롯될 가능성이 매우 높다고 한다. 여기서 더욱 주목해야 할 것은 자율 학습의 특성 때문에 이러한 지식 형성 과정이 '의도된 것이 아니라 하더라도' 그렇게 될 가능성이 높다는 점이다. 그래서 연구자들은 인간의 적절한 판단(개입)이 없으면 인공지능의 학습은 오히려 더 큰 학습 편향을 가져올 수 있다고 경고하고 있다. 우리가 얼굴 인식이나 대화 패턴과 언어적 표현 방식 등을 학습할 때에도 그 학습을 위한 지식의 토대는 지각 차원의 인지 작용에서 시작된다. 인공지능 로봇 역시 '지각'으로부터 학습하는데, 그것은 참조되는 빈도가 높은 데이터들로부터 지식의 범주화를 시작으로 진행되는 것이다.

'지각의 편향'은 인간 의사소통 과정에 강력하게 작용한다. 그 이유는 우리가 말소리를 구별하는 첫 시작부터 근본적으로 '선택적 의사소통'을 하기 때문이다. 결국, 의사소통이란 서로의 '해석'에 의한 소통이지 메시지 자체가 그대로 전달된다고 보기는 힘들다. 그래서 미디어 매

[그림 3-2] 인공지능 대화형 로봇 'Tay' 서비스 화면
(http://imgnews.naver.com/image/5002/2016/12/30/0000922550.jpg)

체를 통한 의사소통이건, 면대면 대인 관계적 의사소통이건 간에 의사소통자의 '해석'은 매우 중요한 작용이다. 이와 관련하여 박인기(2017)에서도 AI시대에 학습자들은 고지능화 된 학습도구의 도움으로 '재인(recall/recognition)'과 '이해(comprehension)'의 측면은 충분히 해결할 수 있으나 '해석'에 대한 국어 교육적 접근은 좀 더 강화되어야 한다고 지적한 바 있다. 즉, 해석은 '어떤 현상이나 행동, 언어 등의 의미를 이해하거나 판단함'으로 정의되는데, 이는 주관성의 개입과 합리화를 동시에 추구하는 정신 과정으로서 인간과 인공지능이 대별되는 중요한 측면이라는 것이다. 이러한 견해에서도 선택적 지각에 의한 인간의 의사소통 과정에서 사고와 언어를 잇는 언어사용 기능의 중심 요소로서 '해석' 과정이 중요함을 확인할 수 있다.

이러한 논의를 종합해 볼 때, 인간 의사소통의 과정에서 '해석하기

주제 중심의 시민교육 방법 탐색

(interpreting)'는 더 이상 가치중립적인 입장에서 다룰 것이 아니다. 이것은 자신(발신자)을 위해, 그리고 타인과 세상(수신자)에게 좀 더 이로운 관점으로 수행될 수 있도록 의도적인 교육적 접근이 필요한 것이다.

2. 시민의 정체성과 미디어 리터러시

1) 시민의 정체성

AI시대를 맞아 세계의 교육은 미래의 학습자들에게 필요한 핵심역량을 중심으로 전환 중인데, 이때 역량이란, 범박하게 말해서 미래 세대들이 세계시민으로서 갖추어야 할 능력을 의미한다고 할 수 있다. 이러한 교육의 변화는 필연적으로 '미래 세대의 (세계)시민은 어떠한 존재이어야 하는가?'에 대한 생각을 하게 만든다. 이에 관하여는 여러 학자들이 다양한 관점으로 논의해 오고 있다. 그중 몇 가지 눈길을 끄는 견해를 살펴보면 다음과 같다. 먼저, 박재창(2009)에서는 세계시민이란 "자율성과 공공성, 개인의 자유와 시민적 책임이 교류하는 과정에서 형상화되기 때문에, 선험적으로 규정되는 고정적 정체성을 갖지 않는다." 라고 보았다. 이러한 견해는 세계시민이 민족주의와 세계시민주의, 개인과 공동체, 생산자와 소비자의 이분법적 경계개념이 더 이상 작용하지 않는 환경에서 살아가고 있다는 데 기인한다. 즉, 세계시민은 '공동체 보편적인 가치'와 '시민 개개인의 주관적인 덕성'이 교류하는 가운

데, 실제 적극적인 참여와 실천을 통해서 '가변적 정체성'을 형성하는 존재를 의미한다는 것이다.

또한, '디지털 네이티브'로서 시민성을 논했던 김은미 외(2013)의 연구에서는 '행동하는 어린 시민의 등장'을 촛불 집회에 등장한 청소년의 이미지로 소개한 바 있다. 이 연구에서는 거시 정치보다는 미시 사회문제에 더 관심을 두며, 제도적 참여보다는 집회, 서명운동, 불매운동 등의 대안적 참여에 더 적극적인 디지털 네이티브에 대하여 설명하면서 의무기반 시민성에서 새로운 형태의 참여적 시민성으로의 변화를 '참여적이고 자발적인 시민'의 모습으로 묘사하였다.

그의 연구에서 이러한 미래 세대를 향한 '시민성'은 창의적이고 자발적인 측면이 강조되는 것처럼 여겨지지만, 한편으로 그들(스스로 광장에 모여든 새로운 시민들)은 정치 운동에 참여하고 있다는 의식조차 없거나 미약한 경우가 많다는 비판도 하고 있다. 즉, 미래를 주도할 시민들은 정치보다는 문화 운동으로서의 이벤트에 참여하여 '적극적으로 즐긴다는 감각'으로 이슈에 접근할 뿐이라는 것이다. 그리고 지도부의 지휘를 따른다거나 주어진 이념을 공유하고 제시된 의제 해결을 위한 토론에 몰입하는 것은 이들의 생리에 잘 맞지 않는다. 이들은 좀 더 주체적이고 능동적으로 스스로의 관심과 선택에 따라서만 기꺼이 관여하여 당사자가 되고(engaging), 문제와 목적, 수단과 과정을 모두 스스로 혹은 시민들끼리의 상호작용 속에서 창발적(emergent)으로 생성하고 결정하여 추진해 나가는 역동적 실천자(actualizing)인 시민으로 여겨진다.

주제 중심의 시민교육 방법 탐색

한편, 박기범(2014)에서는 전통사회의 시민성과 마찬가지로 미래의 디지털 시민성이란 합리성과 도덕성, 실천성이라는 3대 요소를 두루 갖춘 시민을 뜻한다고 보았다. 그중 합리성과 실천성이 크게 확대되고 도덕성의 비중이 줄어든 모습이 될 것이라 예측한 바 있다. 그러나 임상수(2017)에서는 정보사회는 초창기에 생각했던 것처럼 익명성이 보장되는 공간이 아니었고, 오히려 치밀한 기록과 흔적이 오래 남는 투명성을 피하기 어려운 공간으로 밝혀지고 있다면서 박기범(2014)과는 상반된 견해를 피력한다. 즉, 근래에 '잊힐 권리'를 둘러싼 논쟁에서 쉽게 확인할 수 있듯이, 사이버 공간에서의 언행에는 현실 공간에서의 그것보다 훨씬 더 엄격한 절제와 책임성이 뒤따라야만 하기에 디지털 시민성의 구성 요소 중에서 도덕성은 위축되기보다는 좀 더 엄격하게 강조되고 확대될 전망이라는 것이다.

2) 미래 사회를 위한 교육 개편과 미디어 리터러시

시민교육의 방향에 발맞춰 국내외 교육계에서는 교육과정 개편과 더불어 다방면으로 새로운 시대에 대응할 준비를 하고 있다. 한 예로, 김진숙 외(2016)에서는 미래사회를 대비한 교육의 지향점으로 '글로벌 스탠다드'를 내세웠다. 그리고 글로벌 스탠다드 교육의 예로 '지속가능발전교육'과 '핵심역량 중심교육' 두 가지를 들고 있는데, 지속가능발전교육(education for sustainable development, ESD)이란 "미래 세대가 그들의 필요를 충족시킬 수 있는 가능성을 손상시키지 않는 범위에서 현재 세대의 필요를 충족시키는 발전"을 위한 교육1)을 말한다. 이 개념은 환경교육의 지엽적인 한 주제가 아니라 우리가 터한 사회의 존속이 가능하도록 우리의 모든 교육적 노력을 기울여야 한다는 것을 의미한다. 그리고 인간의 개인적, 집단적 모든 활동과 관계가 서로 떼어 생각할 수 없는 다양하고 복잡한 유기적 그물망의 관계 속에 있다는 인식하에 인간관계의 중요성을 시사해 준다.

핵심역량 중심교육은 21세기를 대표하는 또 하나의 글로벌 스탠다드인데, 이는 우리나라의 2015 개정 국가수준 국어과 교육과정의 총론에도 반영되어 자기관리 역량, 지식정보 처리 역량, 창의적 사고 역량, 심미적 감성 역량, 의사소통 역량, 공동체 역량 등 6개의 핵심역량으로 구체화된 바 있다. 역량중심 교육은 2002년 발표된 OECD-DeSeCo 프로젝트 이후 미래교육의 방향 및 주요 관심사항으로 부상한 것으로, 핵심역량(key competencies)의 세 가지 범주로는 '자율적 행동, 상호작용을 위한 도구 활용, 이질적 집단과의 사회적 상호작용'을 들고 있다. 이후 OECD(2016)에서도 '국제적 역량(global competence)'을 '배우고 일하며 빠른 변화에 살면서 여러 나라와 다양한 문화의 상호연계성과 의존적인 세계에 대한 지식 및 이해 능력(지식), 개인이 가진 지식과 이해를 다양한 맥락에서 적절하고 효과적으로 행동, 상호작용, 의사소통, 참여하는 데 활용하는 능력(기능)과 이를 지원하는 기질과 태도'로 설명하였다.

---

1) 세계환경발전위원회(http://www.worldbank.org/depweb/english/sd.html)

이러한 논의에서 알 수 있듯이 미래를 살아갈 학습자를 위한 교육은 '상호연계, 의존적인 세계, 다양한 맥락'에서 '효과적인 행동, 상호작용, 의사소통, 참여' 등을 중요하게 다루며 다양한 관계 속에서의 상호작용과 의사소통 능력을 중시하고 있다. AI시대를 준비하는 의사소통교육의 지향점 역시 기존의 정보사회 시민성의 덕성과 역량들을 두루 계승하여 발전시키는 일과 자율적 학습의 속성을 잘 이해하고 예상되는 문제해결에 적극적으로 나서는 주체적인 태도와 의지를 갖추도록 하는 일에 놓여야 할 것이다. 여기에는 타인뿐만이 아니라 기계와도 좋은 관계를 맺으며, 협업을 익숙하게 하는 데 필요한 의사소통적 능력이 특히 강조된다. 그리고 그 목표를 향해 갈 때에는 탈중심적이고 비위계적이며, 능동적이고 적극적이고 우연성과 창발성에 익숙한 새로운 디지털 세대의 지식 형성 과정과 특성들을 인정해야 한다.

이러한 논의를 고려할 때, 미래의 시민을 육성하기 위한 교육에서는 미디어 리터러시 교육의 특성과 방식을 반영할 필요가 있을 것이다. 미디어 리터러시는 참여 문화를 지원하는 소셜 미디어의 활성화와 함께 강조된 개념(Jenkins, 2019)이기 때문이다. 미디어 리터러시와 시민성의 관계에 주목한 미하일리디스의 연구에서는 학습자가 갖추어야 하는 미디어 리터러시를 행동과 참여를 중심으로 재구조화하여 제시한 바 있다. 이때 미디어 리터러시는 5A로 설명되는데, 첫째 미디어에 대한 접근 능력(access), 둘째 미디어의 힘에 대한 인지(awareness), 셋째 미디어의 글로벌 이슈 재현 방식에 대한 평가 능력(assessment), 넷째 시민 사회를 형성함에 있어 미디어가 어떤 역할을 하고 있는지를 인식

(appreciation)하는 능력, 끝으로 문화적·정치적·사회적 간극을 넘어서서 소통하도록 장려하는 행동(action)이다(Mihailidis, 2014).여기서 '행동하는 능력(act)'은 사회적 참여를 의미하는 것으로 시민교육과 매우 밀접한 관련이 있다고 볼 수 있다(김아미 외 2020, 재인용).

김아미 외(2020: 15-22)의 연구에서는 지금까지의 미디어 리터러시의 개념을 일목요연하게 정리하여 제시하고 있다. 그 내용에서 살펴보면, 우리나라의 교육부에서는 미디어 교육을 '미디어로 필요한 정보를 찾고 제공되는 정보를 비판적으로 이해하는 데서 나아가, 미디어를 활용하여 정보와 문화를 생산하고 사회에 참여하는 역량을 기르는 교육'으로 정의하였다. 또한, 미국의 미디어교육전국연합회(National Association for Media Literacy Education; NAMLE)에서는 미디어 리터러시를 '모든 종류의 의사소통 수단을 기반으로 접근, 분석, 평가, 창조, 그리고 행동하는 능력'으로 규정하였다. 한편, 수많은 미디어 리터러시와 관련한 선행 연구의 내용에서 공통적으로 언급되는 미디어 리터러시 역량은 '미디어와 기술을 도구적으로 접하고 이용할 수 있는 접근 역량과 미디어 콘텐츠와 정보 등을 비판적으로 이해할 수 있는 분석, 평가 역량, 미디어를 통한 자기표현과 이를 토대로 한 소통을 가리키는 창조, 소통 역량, 미디어를 기반으로 사회적으로 참여하고 행동하는 역량' 등이다(김아미 외, 2020: 22).

이 외에 추가로 언급되고 있는 미디어 리터러시 능력의 하위 요소로는 학습자가 미디어 리터러시를 갖추기 위한 전제 조건이 되는 태도라 할 수 있는 '자신의 미디어 이용에 대한 성찰'과 '미디어의 영향력에 대한 호기심'(AMLA, 2020)과 '인지'(Mihailidis, 2014) 등을 들고 있다. 또한, 미디어 리터러시 요소로 개인적인 성취와 사회적 지향이 추가되고 있음을 알 수 있는데, 예를 들어 미디어를 기반으로 한 개인적 성취로는 미디어를 이용하여 개인적, 사회적 관계를 관리하거나 개인의 목표를 성취하는 것(AMLA, 2020), 미디어를 느끼고 향유하는 것(KAVI, 2019), 책임있는 미디어 이용을 하고 관용과 배려를 베푸는 태도(안정임 외, 2017) 등을 강조한다. 그리고 사회적 지향은 공동체성 및 디지털 시민성을 지향하는 내용으로 시민사회 형성에 있어 미디어의 역할과 책임을 인지하고(Mihailidis, 2014), 서로 협동하여 문제를 해결하며(KAVI, 2019), 디지털 사회에서 서로의 책임과 권리를 인식하고 존중하는(김경희 외, 2017) 역량이 강조되고 있다(김아미 외, 2020, 재인용).

3. 배려적 사고를 반영한 의사소통 과정 모형

1) 의사소통과 '배려'

시민교육에서 지향하는 의사소통 역량을 '배려적 사고'의 관점에서 바라볼 것을 제안하며 그 구체화의 방안으로서 의사소통 과정 모형을 구안하고자 한다. 먼저 의사소통 과정에서 '배려'가 적용되어야 하는 이유를 살펴보면 다음과 같다.

첫째, '배려(caring)'는 교육의 문제뿐 아니라 학습자와 우리 사회 전체의 '행복', 즉 '보다 나은 삶'과 깊은 관련이 있기 때문이다. 배려는 한마디로 말하자면 '나와 남의 요구(needs), 바람(wants)'을 충족시켜 주는 일(Mayeroff, 1971; Noddings, 1984, 1992; Smeyers, 1999; 김수동, 2011)'이다. 다시 말해, 나에 대한 배려는 남을 위한 배려의 기초이자 준비이며, 남을 위한 배려는 사회성을 의미하는 상호의존성과 행복의 근원인 관계성을 토대로 '인간적임'과 '존재'를 유지하는 적절한 방법이다.

배려는 인간의 공존성을 기반으로 하므로 사람 사이의 관계가 곧 배려의 핵심이 된다. 배려 관계는 배려하는 사람과 배려 받는 사람 모두 각각의 주체성을 가지고 대등한 관계 유지를 전제로 한다. 배려는 배려하는 사람의 일방적인 행위가 아니라, 배려 받는 사람이 배려하는 사람의 행위에 대하여 그것을 배려로 인지하고 그에 대하여 응답할 때 비로소 완성되는 것이다. 또한, 배려는 배려자와 피배려자의 상호의존성과 관계성을 유지·회복·개선·증진하는 일이며, 이론을 실천으로 하는 것, 추상적인 것을 구체화시키는 것이다. 여기서 피배려자는 자신은 물론, 가족, 친척, 친구, 선후배, 제자, 애인, 이웃사람, 낯선 사람 등이 될 수 있으며, 배려는 상호간의 관계와 만남에 있어서 가장 기본적인 형태이다(Noddings, 1992 : 15).

둘째, 의사소통은 곧 '우리의 삶의 질'을 나타내는 인간 관계적 배려 행위이기 때문이다. 김춘옥(2009)의 연구에서 초등학생들이 생각하는 학교에서 다른 사람을 배려하는 행동으로는 '준비물 빌려 주기'

(22.8%), '양보'(18.9%), '아픈 친구 보살피기'(18.2%), '다른 사람 도와주기'(17.7%), '위로(5.4%)', '친절'(3.9%) 등으로 조사되었다. 이 밖에 '친구와 사이좋게 놀기'(2.5%), '용서'(1.9%) 등의 대답이 있었다. 소수의 의견으로는 '먼저 사과하기', '상처주는 말하지 않기', '화내지 않을 때', '친구의견 따라주기' 등이었다. 특히, 5·6학년 여학생의 경우 다른 학년의 학생보다 '용서'(6.8%)를 배려하는 행동이라고 생각하는 경우가 많은 것으로 나타났으며, '휴대 전화가 없는 친구 앞에서 휴대전화 이야기하지 않기', '장애를 가진 친구 앞에서 장애 이야기하지 않기', '짝이 싫어도 싫다는 말을 하지 않기' 등 상처주는 말하지 않기를 배려하는 행동이라고 응답했다.

이러한 연구 결과는 배려 행동과 의사소통 행위가 서로 깊은 관련이 있음을 잘 보여 준다. 여타의 심리학이나 상담학의 연구 결과에 분석해 보면, 가족 간의 대화나 또래 동료 간의 대화 즉 의사소통은 '배려 행위'와 깊은 관련성이 있음을 파악할 수 있다. 예를 들어, 성인(김수동 외, 2014), 청소년(박은혁, 2011; 조규판 외, 2013), 초등학생(이연수 외, 2009)을 대상으로 '배려 척도' 개발 연구가 여러 방면으로 진행되었는데, 그 연구들의 결과로 검증된 질문지의 문항을 분석해 보면 의사소통 행동과 관련된 내용이 상당히 많음을 쉽게 알 수 있다. 다음 [표 3-1]에 정리된 바와 같이 여러 선행연구의 내용을 통해 배려의 요소를 분석한 결과 배려는 다른 사람을 배려하는 데 필요한 적절한 지식과 이해력, 주의력과 같은 인지적 능력을 바탕으로, 상대방의 처지나 입장에서 느끼고 염려하는 공감이나 감정이입, 상대방에 대한 필요, 감정 등에 마음

[표 3-1] 배려의 구성요인

연구자	구성요인	구성요인의 정의
메이어로프 (mayeroff, 1971)	알기	타인의 욕구를 알고, 그 욕구에 적절하게 반응하는 것
	인내	타인의 성장 믿고 기다려주고 실수에 관용적인 것
	정직	개인의 행동과 느낌에 차이가 없는 것
	신뢰	타인을 믿어주는 것
	겸손	타인에게 배울 수 있다는 마음
	용기	결과를 확신할 수 없지만 앞으로 나아가는 것
그레이엄 (Graham, 1983)	관심	다른 사람의 안녕에 관심을 가지는 것
	돌봄	실제로 돌보는 행동
나딩스 (Noddings, 1984)	전념	자기 관심 배제하고 타인의 경험 안으로 들어가기
	동기전환	타인의 목표를 자신의 목표로 간주하고 이를 실현시켜 주기 위해서 행동하는 것
	공감	타인과 함께 느끼는 것
	수용	타인을 받아들이고 지지하는 것
	반응	배려 받음에 대한 응답
피셔와 트론토 (Fisher & Tronto, 1990)	염려	상대방의 필요 인식과 필요충족을 위한 선택적 주의
	책임감	결과를 예측해서 결과에 대한 책임감을 가지는 것
	실천	타인의 욕구를 충족시키는 것
	응답	배려 받음에 대해 응답하는 것
타로우 (Tarlow, 1996)	시간	함께 시간을 보내는 것
	존재	상대방을 돕기 위해 옆에 존재하는 것
	대화	개방적이고 자발적인 빈번한 의사소통
	민감성	타인의 필요에 민감한 것
	긍정감정	타인에게 관심, 애정과 같은 긍정적인 감정을 가지는 것
	실천	타인을 위해서 행동하는 것
	호혜성	받은 배려에 응답하는 것
김소영 (2005)	염려	타인을 염려하고 걱정
	타인고려	역지사지의 자세로 타인의 입장을 고려
	양보심	나에게 손해가 되더라도 남을 위해 양보
양미진 외 (2008)	조망수용	타인관점과 자기관점이 다를 수 있음을 이해하는 능력
	공감	타인의 정서적 상태와 일치하는 대리적 정서반응
	행동	타인을 위한 구체적인 행동
한국청소년 상담원 (2008)	조망수용 능력	타인의 관점과 나의 관점이 다를 수 있음을 인정
	공감	타인의 정서적 상태와 일치하는 대리적 정서반응
	배려행동	언어적, 구체적, 일반적 상황에서 타인을 위한 행동
이연수, 김성희 (2009)	타인고려	상대방의 입장, 처지, 상황을 생각
	민감	상대방에 의한 필요, 감정 등에 마음을 씀
	긍정반응	배려행동에 대한 정적인 표현

주제 중심의 시민교육 방법 탐색

쓰는 정서적 태도를 포함하고, 상대방과 접촉하여 이를 구체적 행동으로 옮기거나 긍정적으로 반응하는 행동적인 측면까지도 포함한다. 즉, '배려'는 아는 것, 믿고 느끼는 것, 그리고 행동하는 것을 모두 아우르는 개념이다.

이상에서 살펴본 것처럼, 상호적 행위로서 배려의 개념은 바람직한 의사소통을 통하여 공동체에 기여하는 보다 나은 인간의 삶을 지향하는 교육의 내용과 방법에 시사점을 준다. 즉, 인간의 의사소통은 일방적인 '언어'의 전달이 아닌 의미 구성에 관여하는 다양한 요소들 간의 상호작용을 바탕으로 이루어지는 '너'와 '나'의 상호주관적인 선택과 판단에 의한 것이다. 그래서 의사소통교육은 우리가 의사소통을 통해 누군가와 함께 의미를 생성하고 그 의미를 통해 서로의 정체성을 공유하며 일상의 삶을 영위해 나간다는 점을 고려하여, '배려'의 관점을 통해 진행되어야 한다.

2) '배려적 사고'를 반영한 의사소통 과정 모형의 재구성

이 절에서는 '배려적 사고'를 배치하여 재구성한 의사소통 과정 모형을 제시함으로써 AI시대의 의사소통교육이 나아가야 할 지향점을 좀 더 구체화하고자 한다. 의사소통의 전략을 선택하는 과정에서 합리적인 판단이란, 이성적 사고력뿐만이 아니라 자신의 인격을 반영한 판단으로서 '배려적 사고'가 함께 작동해야만 가능하기 때문이다. 미래의 학습자를 위한 교육은 다양한 의사소통 상황에서 특정 정보를 어떠한 관점에서 해석하여 받아들이고 어떻게 표현해야 자신과 타인에게 적절한지, 그리고 그 해석과 표현이 세상을 좀 더 살기 좋은 곳으로 만들 수 있는지 끊임없이 판단하도록 권장하는 방향으로 진행되어야 할 것이다. 이러한 전제하에 실질적인 교육적 실천을 위해 기존의 의사소통 과정 모형에 '배려적 사고'를 추가하여 시각화함으로써 이의 작동을 강조하고자 한 것이다. 이러한 제안은 인간의 의사소통이 배려적 사고를 통한 '배려적 행동'의 대표적인 모습이라는 점, '배려적 사고'야말로 가장 기본적이고 핵심적인 '국어적 사고'의 구성 요소라는 점에 기인한다.[3]

우리는 의사소통의 과정에서 시·공간적 제약을 받는 동시에 서로의 상황을 공유함으로써 공감할 수 있다. 인간의 의사소통은 특정 시간과 공간 속에서 서로의 반응을 교환하며 공동의 의미를 새롭게 형성해 가는 '상호교섭'을 특징으로 하는 것이다. 의사소통의 과정에서 간주관적으로 교섭된 '의미'는 필연적으로 소통에 참여한 사람들의 생각과 행동에 크고 작은 변화를 가져오게 되는데, 이러한 특성을 지닌 의사소통 활동은 우리에게 하나의 문화 현상으로서 작용하며, 부지불식간에 개인의 삶과 사회 공동체의 삶에도 영향을 미친다. 즉, 의사소통은 우리의 삶을 조성하고, 관계를 변화시키며 사회와 문화를 구성하는 인간의 기본 활동인 것이다.

그래서 의사소통교육은 학습자의 정체성을 형성하고, 그들이 타자와의 관계를 구성하며 가정과 사회의 갈등을 비롯한 다양한 소통의 문제

---

2) '배려적 사고'의 개념에 대한 논의는 서현석(2007), (2016) 등의 연구를 참고.

를 해결하도록 도울 수 있는 가능성을 가지고 있다. 또한, 미래 교육의 목적은 시민으로서 학습자들이 갖춰야 할 보편적 가치를 바탕으로 그들의 개인적인 삶과 공동체의 삶을 향상시키는 데 초점을 둔다. 이러한 교육의 지향점에 비춰 볼 때, 미디어 리터러시를 포함한 의사소통교육은 학습자에게 중대한 의미를 지닌다. 의사소통교육은 학습자의 일상의 삶에 직접적인 영향을 미치는 '말'과 '글'을 비롯한 다양한 이해와 표현의 실제적인 방법과 원리, 철학을 교육의 주요 내용으로 다루기 때문이다. 또한 의사소통 능력은 앞으로 진행될 다른 교과 학습의 중요한 바탕일 뿐 아니라 앞으로 타인과 '서로 더불어 사는 삶'을 살아가는 데 중요한 기능을 담당하기 때문이다.

핵심 역량 교육으로서 의사소통교육의 내용과 방법은 AI시대에 학습자가 우리 사회에서 살아가는 데 판단의 기준이 되는 올바른 의사소통의 지향점을 '배려적 사고'를 중심으로 재구성될 필요가 있다. 지금까지 국어 교육에서 의사소통의 '기능'과 '방법'은 강조되어 왔으나 근본적으로 왜 그것을 배워야 하고 어떻게 듣고 말해야 하는지에 대해서 상대적으로 관심을 기울이지 못하였다. 어떠한 방향으로 의사소통을 진행해야 하는지 판단하는 기준을 설정하고 그에 적합한 이해와 표현 방식을 선택할 때 필요한 상위의 '목적'이 부재했던 것이다. 예를 들어, '듣거나 말할 때 왜 적절한 비언어적 표현을 해야 하는가?', '공감적 듣기를 왜 해야 하는가?' 또는 '발표하기'에서 '왜 청중을 고려해야 하는가?', '명확하게 이해하기 쉽게 발표해야 하는 까닭은 무엇인가?' 등에 관한 근본적인 '목적' 혹은 '이유'를 충분히 고려하지 못하여 왔다. 인간의 모든 행위는 반드시 '목적'이 전제되어야 한다. 주체가 된다는 것은 자신의 삶의 목적이 있을 때 가능하다. 그래서 인간 의사소통 행위의 지향점으로 그리고 이를 도달하기 위한 의사소통 과정에 '배려적 사고'를 배치할 필요가 있다.

'배려적 사고'는 대안들을 찾고 관계를 발견하거나 발전시키고, 차이를 판단하고 조절해 가는 데 작동하는 정신적 작용이다(서현석, 2007). 또한, 배려적 사고를 행한다는 것은 생각하는 주제에 대해 관심을 기울이고, 자신의 '인격적 준거'로서 관계들의 가치를 판단하고 행동한다는 것을 의미한다. 배려적 사고 작용은 가치를 보존하고 복합적 상황에 전문적인 판단을 수행하는 것이며, 규범적 사고로서 '무엇을 해야 하는가'에 대하여 주체적으로 반성적 사고를 행하는 것이다. 거기에는 타인의 감정과 경험에 몰입하여 생각하는 감정이입이 포함된다. 이러한 '배려적 사고'는 의사소통 과정에서 '선택적 지각' 또는 '해석하기'에 긴밀한 관계를 맺고 영향을 끼치게 된다. 예를 들어, 언어 텍스트 산출의 표현 원천에는 발신자의 심리가 작용할 수 있는데, 같은 지시대상을 보고 '날씬하다'와 '말랐다'와 같이 표현이 달라지는 것은 지시 대상에 대한 개인의 정서와 판단이 작용한 것이다. 이러한 작용은 '심층적인 텍스트의 이해' 그리고 내면화와 실천의 문제와 관련될 때 더욱 중요해진다. 당연히 의사소통하는 상대방에 대한 존중 없이는 듣고 말하는 과정에 관심을 기울일 수 없으며 말해진 내용에 대하여 판단할 수도 없는 것이다.

또한, '배려적 사고'는 인지적 사고와도 긴밀한 관계를 맺는다. 즉, 인지 중심적 사고에 속하는 추리는 어떤 자료나 알고 있는 사실을 바탕으로 텍스트에 나타나지 않은 의미나 알지 못하는 새로운 사실을 미루어 파악하는 사고 과정이며, 논리적 사고에서 추론은 추리와 달리 미리 알려진 어떤 판단에서 새로운 판단을 이끌어 내는 과정이다. 또, 비판적 사고는 텍스트에 대한 내외적 판단으로 설명된다. 이러한 '인지 중심적 사고'에 대한 설명에서 가장 많이 반복되는 단어는 바로 '판단'이다. 특히 고등 사고의 작용, 즉 어떤 대상을 인식하거나 변화를 초래하는 사고 작용에는 외적인 맥락을 고려할 뿐 아니라 자신의 내적 기준을 적용한 '판단'이 가장 핵심적인 위치에 놓이게 된다(서현석, 2016).

'판단'은 개인의 고유한 '지각'의 과정을 거쳐 해결되거나 결정되지 않았던 문제들을 해결하고 결정하는 것을 의미한다. 또한 '판단한다'는 것은 관계들에 대해 판단하는 것이다. 그 때의 관계들은 발견된 것일 수도 있고, 발명된 것일 수도 있다. 적절한 이유 없이 주장할 수 없듯이 적절한 기준 없이는 어떤 판단도 내리기 어렵다. 이렇듯 수없이 많은 지각된 정보들 속에 적절한 기준의 적용과 판단 과정에 관여하는 관계적 사고력으로써 '배려적 사고'는 인지 중심적 사고와도 깊은 관련을 맺는다.

인간의 의사소통은 주체인 나와 객체인 타인과의 관계 속에 이루어진다. 왜 무엇을 위해 어떤 방식으로 듣고 말해야 하는가에 대한 가장 적절한 대답은 결국 자신과 타인을 향한 '배려적 사고가 작동된 듣기·말하기'라고 할 수 있다. 듣기·말하기 상황에서 이해하고 표현하는 주체가 배려적 관점을 취할 때 작동되는 '국어 사고력(Korean Verbal Thoughts)'이 '배려적 사고'이기 때문이다. '배려적 사고'는 국어과 교육에서 지속적으로 지향해 온 비판적, 창의적 사고력을 보완하며, '배려

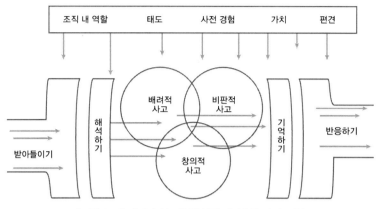

[그림 3-3] 배려적 사고를 반영한 의사소통 과정 모형

적 판단력과 이를 유지하려는 성향과 관점'을 강화할 것이다.

'배려적 사고'는 의사소통 과정의 중심에 위치한 '국어적 사고력'의 중요 영역으로 배치되어야 한다. 기존에 국어과 교육에서 다루어지던 '창의적 사고'와 '비판적 사고'와 함께 '배려적 사고'가 강조된 '국어적 사고'는 AI시대를 살아가는 의사소통자의 '목적 혹은 판단의 기준'으로 작동할 것이다. 즉, '배려적 사고'는 투입되는 수많은 의사소통적 정보 중에서 관심을 기울이고 기억하며 해석할 것을 선별하는 필터의 역할을 한다. 또한 해석하여 받아들인 정보에 대해 '어떠한 적절한 반응으로써 무엇을 표현할지' 선택하고 판단하는 역할을 담당하게 된다. 이상의 논의를 정리하여, 배려적 사고를 반영한 의사소통 모형을 시각화하면 [그림 3-3]과 같다.

4. 시민교육을 위한 의사소통교육의 방향

미래 시민을 육성하는 '역량' 중심 교육을 진행함에 있어 우리는 좀 더 근본적인 질문에 먼저 답해야만 할 것이다. 즉, '무엇을 할 수 있는 능력'을 갖추기 이전에 '이러한 힘을 무엇을 위해 어디에 쓸 것인지, 혹은 무엇을 위해 그 힘을 기를 것인지'에 대해 생각해야 한다. 기술 발전을 견인하는 자리에 서 있기 위해서는 맹목적인 진보와 혁신의 추구가 아니라 그 진보와 혁신이 무엇을 위한 것인지를 자신과 타인에게 설명할 수 있어야 하는 것과 같은 이치이다. 복적이 이끄는 기술 발전이란 특정한 기술을 개발할 때 그것이 더 효율적이라는 이유가 아닌 그 결과가 '좋다'는 것을 우선시해야 함(손화철, 2016)을 의미하기 때문이다.

미래의 변화가 인류에게 긍정적인 혜택과 편리함을 가져올 것이라는 기대감과 함께 한쪽에서는 인공지능의 시대가 모든 인류에게 축복이 될 가능성은 그리 많아 보이지 않는다는 우려의 목소리가 많다. 인류가 이대로 기술의 발전에 수동적으로 대응한다면 권력과 부는 필연적으로 소수에게 몰리게 될 것이고, 기술을 좌지우지하는 일부 소수가 나머지 인류의 존재와 사고를 지배하게 될 것이라는 예측이다. 이러한 어두운 전망에 맞설 적극적인 대응으로 손화철(2016)은 '인간다운, 인간다운 삶, 좋은 사회에 대한 숙고와 토론'을 제시하였다. 더 정교한 기술을 발전시키는 능력보다 중요한 것은 그 정교한 기술을 다스리는 능력이며, 이러한 능력은 곧 인간을 둘러싼 세상을 좀 더 좋은 것으로 만드는 방향을 향해 있는 능력이라는 것이다.

시민으로서 살아갈 미래 세대를 위한 의사소통교육은 미디어 리터러시를 획득하여 좀 더 나은 인간적인 삶을 위한 논의의 장에 자율적으로 참여할 수 있는 의사소통 능력을 갖추도록 돕는 것이라고 할 수 있다. 또한, AI시대를 맞이하며 우리의 교육은 의사소통의 상대가 누구이건 간에 그 과정에서 진행되는 의사소통의 행위는 특정한 관계 속에서 구성되며, 세상을 바라보는 자신의 관점을 드러낸다는 점을 인식하도록 할 필요가 있다. 의사소통의 과정을 통해 우리가 자신의 인성 혹은 정체성(Character)을 형성하게 된다는 사실을 깨닫게 하는 교육의 내용과 방식을 전환되어야만 하는 것이다. 의사소통교육은 다양한 매체가 등장하고 점점 더 다원화되는 의사소통의 채널과 자원들 속에서 학습자들이 스스로 '맑은' 의사소통을 위한 필터를 탐구할 수 있도록 돕는 역할을 해야 한다. '어떻게 이해할 것이냐' 혹은 '어떻게 표현할 것인가'에 관한 올바른 관점과 판단은 개인의 의사소통뿐만이 아니라 미래의 우리 사회의 모습을 결정짓는 데에도 매우 중요한 작용을 할 것이다. 의사소통은 우리 삶에 단지 도구나 수단이 아니라, 우리의 사고를 형성하고 인간다움을 실현하는 데 결정적인 힘을 지녔기 때문이다.

인간의 의사소통은 일방적인 언어적 표현이나 수용이 아닌 의미 구성에 관여하는 다양한 요소들 간의 상호작용과 선택적 지각을 바탕으로 이루어지는 '해석'으로 이루어진다. 그래서 의사소통 과정에서 전략을 선택하는 순간의 합리적인 판단이란, 이성적 사고력뿐만이 아니라 자신의 인격을 반영한 판단으로 반드시 '배려적 사고'가 작용해야 함을 늘 전제로 해야만 한다. '너'와 '나'의 상호주관적인 선택과 판단에 의해 의사소통은 진행되는 것이다.

　의사소통교육은 우리가 의사소통 과정을 통하여 누군가와 함께 의미를 생성하고, 그 의미를 통해 서로의 정체성을 공유하며 일상의 삶을 영위해 나간다는 점을 고려하여, 항시 '관계성'과 지속적인 '정체성' 구성을 염두에 두고 진행되어야 한다. 의사소통의 과정은 근본적으로 개별적인 주체로서 인간의 삶과 그를 둘러싼 다양한 맥락이 역동적으로 작용하여 이루어지기 때문에 이에 대한 정확한 원리나 정형화된 하나의 정답을 제시하기는 힘들다. 그러나 의사소통의 전략을 선택하는 과정에서 합리적인 판단이란 이성적 사고력뿐만이 아니라 자신의 인격을 반영한 판단으로서 '배려적 사고'가 함께 작동하는 것이라는 점은 비교적 선명하다.

참고문헌

김수동(2011). 동양고전에서 이해한 배려의 리더십. 韓國教育論壇 10(2). 한국교
육포럼.

김수동·안재진·이정연(2014). 배려척도 문항개발 연구. 사회과학연구 25. 충남대
학교 사회과학연구소.

김아미 외(2020). 교원 및 예비교원의 미디어 리터러시 교육 역량 강화 방안 연구.
한국연구재단 정책연구보고서.

김재봉(2016). 언어심리 기반의 말하기와 글쓰기. 형설출판사.

김진숙 외(2016). 통일 대비 남북한 통합 교육과정 연구. 2. 총론. 국어. 사회과를 중
심으로. 한국교육과정평가원.

김은미·양소은(2013). '디지털 네이티브'의 시민성. 韓國 言論學報 57(1). 한국언
론학회.

김춘옥(2009). 초등학생이 인식하는 배려의 개념과 행동양태. 경인교육대학교 석
사학위논문.

김효은(2017). 도덕성 튜링테스트는 가능한가? -인공지능 로봇 행동의 윤리성 기
준-. 2017년 범한철학회 정기 학술대회 자료집.

박기범(2014). 디지털 시대의 시민성 탐색. 한국초등교육 25(4. 서울교육대학교.

박은혁(2011). 청소년용 배려적 사고 척도개발 및 타당화. 명지대학교 박사학위논
문.

박재창(2009). 시민권과 지구시민사회: 지구 거버넌스의 유형별 한계. 국제지역연
구 12(4). 한국외국어대학교 국제지역연구센터.

박인기(2017). 인공지능 시대와 국어교육의 방향 : 학습생태의 변화와 현 단계 국
어교육의 도전. 국어교육학회·한국독서학회 연합 전국학술대회 자료집.

서현석(2007). 말하기 교육의 내용으로서 배려적 사고의 개념 탐구. 국어교육학연

구 28. 393-421.

서현석(2016). 화법교육에서 '배려'의 실행 가능성 탐구. 화법연구 33. 한국화법학
　　회.

서현석(2019). 미래의 초등학교 듣기 · 말하기 교육을 위한 의사소통 모형. 화법연
　　구 43. 한국화법학회.

신지영(2014). 한국어의 말소리. 박이정출판사.

손화철(2016). 인공지능 시대의 교육. 한국초등교육학회 창립 30주년 기념 국제학
　　술대회 발표 자료집.

임상수(2017). 정보사회의 시민성 교육과 미디어 리터러시. 도덕교육학회 학술대
　　회 자료집.

임칠성(2011). 화법 교육의 현황과 과제. 한국어문교육 10. 261-288.

임택균 · 서현석(2017). 대인관계 중심적 의사소통 능력 향상을 위한 듣기 교육의
　　개선 방향 -소셜 로봇에 대한 고찰을 통하여-. 화법연구 37. 92-129.

정영숙(2016). 친밀한 타인 배려에 관한 심리학적 연구와 그 함의. 인문사회과학연
　　구17(3). 103-134.

조규판 · 주희진(2013). 청소년용 배려척도 개발 및 타당도 연구. 사고개발 9(3).
　　85-204.

이연수 · 김성희(2009). 초등학생용 배려 척도 개발. 상담학연구 10(4). 2479-2493.

한국청소년상담원(2008). 초등학생의 학교폭력 예방을 위한 배려 증진프로그램 개
　　발. 서울: 한국청소년상담원.

Fisher, B., & Tronto, J. (1981). Toward a Feminist Theory of Caring. *Circle of Care
　　Work and Identity in Woman's Liver* 12. 123-157.

Graham, H. (1995). Caring, A Laver of Love. *Care, Gender, Justice* 23. 128.

J. Brownell (2010). *The Skills of Listening-Centered Communication, Listening and
　　Human Communication in the 21st Century.* Edited by Andrew D. Wolvin,
　　Blackwell.

Mayeroff, M. (1971). *On caring.* New York: Harper & Row.

Noddings, N. (1984). *Caring: Feminine Approach to Ethics & Moral Education.*
　　Berkeley. University of California Press.

Noddings, Nel (1992), *The Challenge to Care in Schools.* Teachers Cillege. Columbia

University Press. 추병완 외 옮김(2002), 배려교육론, 도서출판 다른 우리.

OECD (2016). Global Competency for an Inclusive World. https://www.oecd.org/pisa/aboutpisa/Global-competency-for-an-inclusive-world.pdf. 2016.11.11.

Roy M, Berko, Wolvin, Andrew D., Wolvin Darlyn R., Aitken Joan E.(2013). *Communicating-A Social, Career and Cultural Focus*(twelfth). Routledge.

Tarlow, B. (1996). *Caring: A Negotiated Process that Varies. Caregiving: Reading in Knowledge*. Practice, Ethics, and Politics, 3, 789-801.

4장

아프리카 우분투 정신을 통한
세계시민교육의 실천

이경한

전주교대 사회교육과

1. 우분투 정신을 통한 세계시민교육의 가능성

아프리카는 유럽 제국주의의 약탈, 노예무역, 가난, 인종갈등, 테러, 독재 등으로 인하여 부정적인 선입견으로 가득한 대륙이다. 그로 인하여 우리는 아프리카에 대해서 연민, 원조와 낙후의 대명사로 인식하는 경향이 있다. 하지만 아프리카는 생물 종, 인종과 문화, 자연환경 등 다양성을 가진 대륙이다. 인류의 역사가 시작된 곳으로서, 아프리카는 우리가 아는 것보다 훨씬 깊은 정신을 가진 대륙이다. 아프리카는 여전히 우리의 오래된 미래를 지니고 있으며, 공동체 문화가 가장 많이 실재하고 있는 곳이다.

아프리카를 대표하는 정신 중의 하나는 우분투(ubuntu)이다. 특히 남아프리카공화국에서 아파르트헤이트가 폐지되고 민주정부가 들어서

면서 만델라 대통령이나 투투 신부 등이 우분투 정신을 언급하면서 우분투는 세계적으로 관심을 갖게 되었다. 우분투는 새로운 남아공의 건국이념 중의 하나로 볼 수 있고 아프리카 르네상스의 사고와 밀접하게 연계되어 있으며(Matolino and Kwindingwi, 2013: 199), 만델라 대통령 시기에 민주적 통치를 이끈 철학이 되었다(sj Miller, 2016: 193). 우분투는 가장 아프리카다운 사고이면서 동시에 가장 세계적인 정신이라는 데 큰 거부감이 없어 보인다. 이는 곧 아프리카를 이해하기 위해서는 우분투의 사고를 이해할 필요가 있음을, 더 나아가 우분투의 이해는 곧 아프리카의 정체성을 이해하는 데 지름길이 될 수 있음을 보여 준다.

   하지만 아프리카의 이해를 위한 우분투에 관한 연구는 많이 이루어지지 않고 있다. 먼저, 우분투를 아프리카의 토착문화(기타지마 기신 北島義信, 2017)로서 바라보는 연구가 있다. 우분투에는 다른 토착문화와 같이 상호관계성·상호의존성, 공생(상생), 연대, 타자의 우선성, 비폭력이 있다고 보았다. 다음으로 우분투를 홍익인간과 대비하여 공동체교육의 안내로서 보는 연구(박남기, 2017), 아프리카 전통 철학의 유산으로서 우분투와 그 공동체 정신을 살펴본 연구(김대용, 2004), 우분투와 한국의 온정 윤리를 연계하여 우분투를 사랑의 윤리로 본 연구(김향모, 2005), 아프리카의 인문정신으로 본 연구(Thabiso, 2011), 우분투가 가진 언어적 의미를 살펴본 연구(Montevecchi, 2011)가 있다. 이 연구들은 우분투라는 아프리카 정신이자 철학이자 문화를 다양한 관점으로 재해석할 수 있는 가능성을 보여 주고 있다. 하지만 아프리카 우분투는 우리나라에서 본격적인 연구가 이루어지지 않고 있으며, 연구자에 따라서 우분투를 부분적으로 해석하여 새로운 안목이자 관점으로 제시되고 있는 실정이다. 특히 세계시민교육과의 연계를 통해서 살펴본 연구는 거의 이루어지지 않고 있다.

이에 본고에서는 아프리카 우분투 정신에 대한 기본적인 이해를 통하여 세계시민교육의 가능성을 탐색해 보고자 한다. 이를 위하여 먼저, 아프리카 우분투 정신에 대한 이해, 아프리카 우분투 정신을 통해 본 세계시민교육, 그리고 이를 바탕으로 우분투와 세계시민교육의 연계 가능성을 살펴보고자 한다.

2. 아프리카 우분투 정신에 대한 이해

1) 우분투의 정의

우분투라는 용어가 아프리카에서 사용되기 시작한 시기는 1900년대 후반 이전의 문헌을 통해서 확인할 수 있다. 1950년 이전에 우분투를 다룬 문헌은 31개이고, 이중에서 가장 오래된 문헌은 1846년이다 (Gade, 2011: 306). 하지만 우분투 용어가 아프리카의 정신으로 사용되기 시작한 것은 1950년대 이후로 보고 있다. sj Miller는 우분투가 "1950년경 African Review 잡지에 실린 Jordan Kush Ngubane의 글에서 처음으로 사용되었던 것으로 보고 있다. 그 당시에 우분투는 흑인에서는 발견되고 백인에서는 찾아볼 수 없는 인본주의 형태였다. 그런 다음, 탈식민지 시기인 1960년대에 정치사상가들(political thinkers)은 철학의 아프리카화(Africanization of philosophy)를 시도하였다. 이 주제에 관한 첫 출판물이 『우분투주의: 짐바브웨 고유 정치 철학(Hunhuism or Ubuntuism: A Zimbabwe Indigenous Political Philosophy)』이다"(sj Miller, 193)라고 제시하였다. 이것은 철학의 아프리카화, 즉 아프리카의 입장에서 본 철학의 주제로 우분투를 탈식민지와 함께 주체적으로 다루기 시작했음을 말해 주고 있다.

이와 같이 사용되기 시작한 우분투에 관한 정의는 매우 다양하게 나타나고 있다. 우분투의 정의가 다양하다는 것은 이의 성격이 보는 관점과 상황에 따라서 그 의미를 달리 쓰고 있음을 의미한다. 그래서 여기서는 우분투에 대한 정의를 살펴보고자 한다.

먼저, Nussbaum은 "우분투는 아프리카 문화에서 정의와 상호 돌봄으로 지역사회를 건설하고 관리하고자 동정심, 상호관계, 존중, 조화와 인간성을 표현하는 능력이다"(Muzvidziwa and Muzvidziwa, 2012: 27)라고 정의하였다. 이 정의는 "우분투는 타인과 조화롭게 살고, 우리가 살아가는 사회적 틀(social framework)에 도움을 주기 위하여 자신이 지닌 필요를 제공하고자 하는 바람(desire)이다"(Sarpong, Bi and Amankwah-Amoah, 2016: 17)라는 정의와 일맥상통하고 있다. 이 정의들은 우분투를 '정의와 상호 돌봄으로', '타인과 조화롭게 살고, 우리가 살아가는 사회적 틀(social framework)에 도움을 주기 위하여' 존재하는 정신으로 보고 있다. 우분투는 아프리카 사람들의 상호의존성과 타자와의 조화로운 삶을 목적으로 하고 있다. 그러기

주제 중심의 시민교육 방법 탐색

에 우분투는 공동체 차원에서 조화, 평화와 화해를 기르고자 개인과 공동체 행동과 목표를 강조하는 아프리카인의 덕(African virtues)이자 아프리카 인본주의(afro-humanistic) 철학이다(Sarpong, Bi and Amankwah-Amoah, 17). 그리고 우분투의 상호의존성과 타인과의 조화로운 삶의 정신은 "인간은 다른 사람들 때문에 인간이다(a human being is a human being because of other human beings)"(Letseka, 2012: 48)와 "umuntu ngumuntu ngabantu, 즉 사람은 사람이 되기 위하여 타인에 의존한다"는 정신이 우분투의 핵심이다(Matolino and Kwindingwi, 2013: 200)로 표현되기도 한다.

그리고 Sindane(1995)은 우분투의 본질을 4가지, 즉 ①우분투는 모든 사람들을 존중하며 인간의 존엄성을 인정하는 인간주의적 경험이다. ②우분투는 인간성이다, ③우분투는 인간주의다, ④우분투는 실질적으로 사람됨(being human)의 예술이나 덕을 의미한다(Bonn, 2007: 864)로 보았다. 우분투의 정신을 지닌 사람은 타인에게 개방적이고 유용하고, 타인에게 긍정적이고, 타인에게 위협감을 주지 않고 선한 영향을 준다(Muzvidziwa and Muzvidziwa, 2012: 226). 당연히 이런 사람은 우리의 마음 깊이 자리 잡은 연계의식으로부터 우러나온 서로간의 연대의식, 공동체 정신과 책무성을 가진다. 결국 우분투는 형제애(brotherhood or sisterhood)를 통하여 개인과 집단을 연계시키는 아프리카 인본주의 철학이고, 원초적인 앎과 존재의 방식(ways of knowing and being)에 근본적인 기여를 하고 있다(Swanson, 2015: 34). 이를 통해서 볼 때, 우분투는 아프리카인들이 타인들과 상호의존

및 상호호혜를 주고받으면서 조화로운 사회를 만들며 살아가고자 하는 아프리카 고유의 전통적 사고이자 철학이라고 볼 수 있다.

2) 우분투의 성격

가. 우분투의 시기별 특성

우분투는 시대에 따라서 그 성격이 달라지고 있다. 우분투에 관한 시대 구분으로 대표적인 연구는 Gade(2011)의 연구를 들 수 있다. 그는 우분투를 A: 인간의 자질(human quality)로 정의하는 시기, B: 철학이나 윤리와 연계시켜 정의하는 시기, C: 아프리카 인본주의로 정의하는 시기, D: 세계관으로 정의하는 시기, E: '네가 있어 내가 있다(umuntu ngumuntu ngabantu)'라는 격언과 연계된 것으로 정의하는 시기로 구분하여 그 성격을 파악하였다. 그는 우분투의 A시기는 1980년 이전, B시기는 1846~1980년, C시기는 1975년 이후, D시기는 1990년대 말, E시기는 2000년대로 구분하여 제시하였다. 그러나 여기서는 우분투의 시기를 보다 단순화시켜서 1990년대 중반 이전과 이후로 구별하고자 한다. 이 기준은 우분투가 아프리카의 세계관으로서 세계에 알려지는 전과 후의 시기이다. 1994년에 남아프리카공화국에서 아파르트헤이트로부터 박해를 받았던 다수 흑인이 해방되고 민주주의 통치가 시작될 때, 우분투는 만델라 대통령 시기의 민주적 통치를 이끈 철학이 되었다 (sj Miller, 193). 그래서 여기서는 1994년을 기준으로 우분투 정신의 시대를 나누었다.

먼저, 1994년 이전 시기에 우분투는 인간 본성(human nature), 인간성(humanity)와 인간미(humanness)로 가장 많이 서술되었다(Gade, 307). 즉, 우분투를 사람의 도덕적 자질로 정의하면서 개인적인 자질에 초점을 많이 맞추고 있다. 이때 우분투는 인간의 자질로 해석될 수 있다. 그러나 우분투를 인간의 자질로 볼 경우, 3가지 측면에서 비판을 받는다. 첫째, 우분투를 인간의 자질로 보는 경우, 인간성과 같은 개념과 구분이 애매하다. 둘째, 인간됨(being human)과 우분투의 자질을 갖춤 간의 관계를 정확하게 이해하기가 어렵다. 셋째, 우분투의 자질이 단순한가, 복잡한가가 명확하지 않다(Gade, 307-308).

다음으로 1994년 이후의 우분투를 살펴보면, 이 시기에는 우분투를 세계관이라는 용어로 사용하기 시작하였다(Gade, 317). 특히 이 시기에는 우분투가 '네가 있어 내가 있다'라는 격언과 연계되어 인식되었고, 1995년 이후 이 격언은 우분투가 무엇인가를 서술하는 중요한 기준으로 발전하였다(Gade, 318). 이를 대표적으로 보여 주는 것은 신학자이자 철학자인 음비티(Mbiti)가 제안한 격언인 '나는 우리이기 때문에 존재한다; 우리가 있기에 내가 존재한다(I am, because we are; and since we are, therefore I am)'이다(Letseka, 48). 이후 2000년대에는 우분투를 세계관으로 보는 관점이 사라지기 시작한다(Gade, 318). 이 시기의 우분투는 상호의존성에 초점이 맞추어지고 있다.

1994년 이전에는 개인의 도덕적 자질, 즉 인간성에 초점을 두었다면, 1994년 이후에는 타자 지향성, 그리고 나와 우리의 상호의존성, 즉 사회적 상호의존성 개념에 중점을 두고 있음을 알 수 있다. 우분투의 정신은 공동체 안에 존재하는 개인으로서의 자질 함양에서 공동체의 일원으로서 역할과 상호연계를 가져올 수 있는 실존적 삶의 구현으로 발전하고 있다. 그래서 전자의 개인적 자질 함양을 우분투 정신의 필요조건으로 보면, 후자의 공동체 삶의 세계관은 충분조건에 해당한다고 볼 수 있다. 궁극적으로 우분투 정신은 개인과 공동체 모두의 행복을 지향하고 있다.

나. 우분투의 가치

개인과 공동체 모두의 행복을 지향하는 우분투의 가치는 다양한 모양으로 주장되고 있다. 먼저, Muzvidziwa와 Muzvidziwa는 우분투의 가치를 15가지(Muzvidziwa and Muzvidziwa, 34), 즉 '함께함'(togetherness), 형제애, 평등, 공유, 공감, 동정심, 존경, 관용, 조화, 재분배, 순종, 행복 그리고 지혜로 보았다. 그리고 우분투를 소유한 사람은 '돌봄, 겸손, 사려 깊음, 신중함, 이해, 지혜, 관용, 친절, 사회적 성숙, 사회적 관심, 덕과 축복'과 같은 성품을 지닌다(Venter, 2004: 150). 여기서 앞에서 제시한 우분투의 가치를 '공감, 동정심, 존경, 관용, 순종, 행복, 지혜, 겸손, 사려 깊음, 신중함, 이해, 덕과 축복', 그리고 "함께함', 형제애, 평등, 조화, 재분배, 돌봄, 사회적 성숙, 사회적 관심'으로 분류할 수 있다. 다시 말하여 우분투의 가치를 개인적 덕목과 사회적 덕목으로 구분할 수 있다. 이 구분은 우분투를 사회의 공동성을 추구하고, 인간 성장의 필수적 요소인 인간미(humanness)를 담고 있는 철학으로 보는(Venter, 150) 입장과 맥을 함께한다.

우분투의 덕목은 개인의 성장과 함께 사회 공동체 안에서의 책무성을 강조하고 있다.

첫째, 전형적인 아프리카 윤리에서, 인간성 개발을 위한 유일한 방법은 긍정적 방법으로 타인과 관련시키는 것이다. 이는 사람들은 '다른 사람들을 통해서만이' 사람이 된다. 한 사람은 타인과 대적하거나 타인으로부터 고립되면 진정한 자아가 실현될 수 없다는 의미이다. … 둘째, 타인과의 긍정적인 관계, 즉 엄격히 공동체적(communal) 용어를 정의하는 방법에 관심을 갖는다. 사람은 자신이 가치를 가지는 것을 주고, 상호 일치하는 개인의 권리를 존중하고, 정치적 측면에 참여하거나 일반적인 복지를 극대화하면서 근본적으로 타인과 긍정적으로 관계를 가진다. 대신에, 사하라 이남 아프리카 사람들의 사고에는 타인과 관계하는 적합한 방법은 타인과 조화롭게 살거나 공동체를 추구하는 것이다(Metz and Gaie, 2010: 275).

우분투는 개인을 넘어서 사회적 지향성을 강조하는 점을 우분투 정신의 구호에서도 확인할 수 있다(표 1 참조).

우분투 정신은 개인(사람)과 사회(공동체)라는 이원적 측면을 중심으로 논의를 전개하면서 개인(사람)과 사회(공동체)의 일원적 가치를 강조한다. 개인(사람)과 사회(공동체)를 대립적 존재로 보지 않고 상호 구속적 존재로 보고 있다. 개인과 사회를 구분하여 보는 세계관을 취하지 않고, 개인과 사회의 상보적 관계를 중시하고 있다. 그래서 아프리카인

[표 4-1] 우분투 사상과 관련된 구호들

- 타인과 통합
- 통합은 강하다
- 하나로서 일함, 즉 팀워크
- 인간은 타인을 위하여 태어난다
- 타인은 타인을 통하여 자신의 이익을 얻는다

출처: Sarpong, Bi and Amankwah-Amoah, 17

의 관점은 조화와 집합성(collectivity)을 낳는다. 아프리카 중심의 관점은 본질적으로 홀리스틱이고, 사람을 집합적 시각으로 본다(Schiele, 1994; Venter, 152에서 재인용).

다. 우분투의 비전

우분투는 개인과 사회의 상보적 관계를 중시하지만, 여전히 공동체 지향성을 더욱 강조하는 경향을 보인다. 우분투 철학은 좋은 사회적 관계를 돕고, 인간 가치, 신뢰와 문화적 공동체를 증진시키고자 한다. 그리고 우분투 철학은 가정과 문화적 공동체로부터 시작하여 글로벌 공동체로 나아가며 다시 사회적 조화와 통합을 이끈다(Le Roux, 2000: 43, Venter, 151에서 재인용). 그런 면에서 보면, 우분투는 사회적 윤리이자 통합적 비전이다. 이는 사회적 결속(bond)과 사회적 관계에 대한 중요성을 강조한다. 그 결과 자연스럽게 사회집단에 대한 의무가 개인의 권리와 특혜보다 중요하다는 생각을 가지고서 행동한다(Venter, 151).

아프리카인의 공동체 혹은 조화의 성격에 대한 논의는 크게 2가지로 살펴볼 수 있다.

첫째, 타인을 향한 동정심 어리고 감성적인 반응과 타인을 도우려는 행위 면에서 볼 때 사람은 타인의 선에 관심을 가져야 하는 도덕적 의무를 가진다는 생각이다. 즉, 사람은 타인과 함께 연대를 보여 주어야 하는 의무가 있다. 둘째, 사람은 타인들의 범주 안에서 자아를 생각하는 즉, 공동 집단의 구성원으로서 자아를 규정하고 실제로 참여하려는 도덕적 의무를 가진다는 생각이다. 또한 사람은 타인과의 관계 속에서 자신의 정체성을 가지려고 한다. 공동체 혹은 조화는 연대와 정체성의 조합(combination)이다(Metz and Gaie, 276).

아프리카의 우분투 정신은 1994년 이후 사회공동체를 강조하면서 공동체의 정의와 공정성, 그리고 적극적인 사회참여를 주장하고 있다. 우분투의 핵심 가치(ubuntu - focused values)가 정의를 바로 세우는 데 중심을 두고 있어서, 노동 현장과 관리에서도 우분투를 강조해야 함을 확신하면서, 우분투는 공정성과 같은 가치, 자원에의 동등한 접근 기회, 존중과 책무성을 강조한다(Matolino and Kwindingwi, 200). 그래서 우분투는 정의의 차원에서 비폭력성을 강조한다. 자연스럽게 우분투는 평화를 추구한다. 즉, 우분투는 용서를 주고받기 위한 가치체계와 희생하거나 과거 잘못에 대해서 복수를 하려는 마음을 포기하기 위한 이론적 논거를 제공한다. 그런 면에서 우분투는 평화를 건설하고 상처받은 사회를 치유하기 위한 실질적 노력을 문화적으로 계몽할(re-inform) 수 있다(Murithi, 2009: 227). 우분투의 주요 정신은 분규가 일어나는 양측이 개인, 가정과 사회에서 보복 문화의 출현을 방지하고 추방하려는 사고를 가지고서 사회적 신뢰와 사회 통합을 건설하고 유지하기 위하여 화해할 필요가 있다는 사고에 토대를 두고 있다(Murithi, 229). 우분투는 사회 안에서 법과 질서를 유지하는 정신이자 제도로서 역할을 하여 공동체의 갈등을 해결하고 서로 화해를 가져다 주는 메커니즘으로서의 기능을 할 수 있다.

우분투를 세계에 알린 국가는 남아프리카공화국(남아공)이다. 남아공 만델라 대통령 정부가 시행한 '진실과 화해위원회'는 우부투 정신을 가장 잘 실천한 사례이다. 그러므로 우분투는 생명 자치의 정신적 기초(Matolino and Kwindingwi, 199)라고 볼 수 있다. 우분투의 정신을 교육에서 구체적으로 적용하고자 남아공 교육부는 우분투 정신을 남아공의 10대 기본 가치, 즉 민주주의, 사회 정의와 공정성, 평등, 인종주의와 성차별주의 반대, 우분투(인간 존중), 개방사회, 책무성, 법치, 존경과 화해 중의 하나로 강조하고 있다. 남아공 교육부는 우분투를 통하여 상호이해와 인간 차이(human difference)의 가치를 능동적으로 구현하고 있다(Letseka, 56).

라. 우분투에 대한 비판

우분투 정신은 아프리카를 대표하는 철학이자 세계관이지만, 이에 대한 비판도 존재한다. 우분투에 대한 비판(Matolino and Kwindingwi, 201-202)은 첫째, 우분투 정신을 공유하지 않는 전통적 환경에서는 경쟁자와 다툼이 있음을 인정하지 않고 있다. 둘째, 아프리카 국가들은 우분투를 부흥운동(revivalism)으로 생각할 수 있다. 이런 부흥운동은 분명히 정치적 목적을 지니고 있다. 우분투 정신이 정치적 목적을 가질 경우, 이는 아프리카 중심주의적 사고를 가지게 된다. 아프리카 중심주의적 사고는 다양한 접근방법에 배타적이고 배타적인 관점으로 빠지게 하는 경향이 있다. 우분투가 지나치게 아프리카 중심적 세계관이나 자문화 중심주의로 전도될 수 있음을 보여 준다.

3. 아프리카 우분투 정신에서 본 세계시민교육

아프리카를 대표하는 세계관으로서 우분투는 개인의 인간성 개발을 넘어 사회적 조화를 지향하기에, 우분투 정신은 아프리카 대륙을 넘어 글로벌 수준까지 확장되고 있다. 이런 맥락에서 아프리카의 우분투는 세계시민정신과 연계 가능성이 높다고 볼 수 있다. 특히 세계 수준에서 우분투를 받아들이고 이를 적극적으로 적용하면 세계시민교육과의 연계가 가능하다.

또한 우분투는 집합적 복지(collective well-being)을 향한 책임감과 의무를 강조한다. 글로벌 규모에서 협동과 상호이해는 세계시민, 인간의 생태적, 도덕적 그리고 사회적 복지 측면에서 모두를 위한 지속가능한 미래를 구축하는 데 매우 필요하다. 또한 우분투는 남아공과 아프리카 맥락뿐만 아니라 세계 수준에서 인권에 기여한다는 점에서 희망과 가능성을 제공한다(Swanson, 36). 그래서 여기서는 우분투의 정신 중에서 세계시민교육과의 연계 가능성이 높은 주제인 평화교육, 관용교육과 문화다양성교육을 중심으로 살펴보고자 한다.

1) 평화교육

타자와의 관계 속에서 함께하고 형제애를 발휘하고 공감과 동정심 등을 가진 우분투 정신은 평화로운 세계를 만들 수 있다. 우분투 정신은 다툼이 있는 곳에 평화를, 그리고 분열이 있는 일치를 줄 수 있다. 우분투의 정신은 분규가 일어나는 곳에서 국가 간의 보복 문화를 추방하여 세계의 통합을 건설하고 서로 간의 화해를 가져다 줄 수 있다(Murithi, 229). 우분투 사회에서는 세계가 상호협력을 통하여 상호 조화를 누릴 수 있다. 그리고 세계에서 일어나는 각종 국제분쟁이나 갈등을 해결하는 데 있어서 화해 메커니즘을 줄 수 있다.

특히 우분투 정신을 활용한 갈등의 해결과 화해 방법은 평화교육에 기여할 수 있다. 이의 교육방법을 수행할 때 명심할 점으로는 첫째, 갈등의 영향을 받은 사람들이 평화를 만드는 과정에 참여하는 것이 중요하다. 둘째, 희생자와 가해자 모두가 평화를 만드는 어려운 과정을 통과하면서 이들을 격려하고 지원해 주어야 한다. 셋째, 죄와 양심을 알고, 화해에 도달하기 위한 수단으로 용서를 인정하는 데 큰 가치가 있다. 넷째, 가장 중요하게, 우분투를 증진하는 평화교육을 위한 핵심적 수업은 인간의 통합과 상호의존을 동시에 강조해야 한다는 점이다 (Murithi, 230).

2) 관용교육

관용은 우분투 정신에서 매우 중요한 위치를 가진다. 특히 남아공에서의 진실과 화해위원회의 활동은 세계에 관용의 정신을 보여 주기에 충분하였다. 남아공에서 수십 년 동안 아파르트헤이트 정권은 증오와 공포의 태도를 낳고 사회적 정치적 배제와 경제적 양극화의 부정적 가치를 잉태한 폭력과 야만의 문화를 양성했다(Murithi, 225). 음베키(Mbeki) 대통령은 이런 현실을 1998년 연설에서 남아공이 두 개의 나라. 즉 흑인 나라와 백인 나라로 나누어져 있다고 표현하였다. 그리고 음베키 대통령은 백인 나라는 상대적으로 부자이고, 더 큰 흑인 나라는 가난하다고 표현하였다. 그 결과, 백인 나라는 기회의 평등권을 실현할 수 있는 반면, 흑인 나라는 미개발된 환경에서 거주하고 기회의 평등권을 실현할 가능성이 거의 없게 되었다(Enslin, 2003: 74).

이런 상황에서 남아공은 1994년 이후 진실과 화해위원회를 만들어 백인 정권의 인권 탄압, 인종 차별, 테러, 노동 탄압, 민주주의 파괴 등의 범법 행위와 악행에 관한 진실을 파악하고, 가해자들에 대해 화해와 관용을 베풀었다. 그 화해의 과정이 쉽지는 않았지만, 정치적 보복 행위를 하지 않고 민주주의와 정의를 실현하고자 하였다. 남아공에서 화해의 과정은 5단계(Murithi, 228-229)로서 수행되었다. 첫째, 희생자,

가해자와 목격자의 생각을 청문하고 사실을 확인한 후, 가해자가 책임이나 죄를 알도록 한다. 둘째, 가해자가 양심의 가책으로 회개를 하거나 죄를 인정하도록 한다. 셋째, 가해자가 희생자에게 용서를 구하도록 하고, 결국 희생자가 용서하도록 한다. 넷째, 가능한 경우, 원로원의 도움을 받아서 가해자가 자신들의 잘못에 대해서 적절히 보상을 하도록 권유할 수 있다. 다섯째, 가해자와 희생자가 스스로 화해를 할 수 있도록 격려함으로써 전체적으로 과정을 통합하도록 한다.

남아공 민주 정부가 백인들이 자행한 흑인 인종차별과 독재 정치에 대해서 국가 권력을 이용하여 보복을 하지 않고 국가 통합을 가져온 정책에는 우분투 정신이 근간을 이루고 있다. 관용은 학생들에게 상호 이해, 상호 이타주의와 차이의 인식 능력을 육성하는 데 기여한다. 그리고 남아공의 언어적, 종교적, 문화적, 국민적 다양성을 유지하고 지원하는 데 우선권(priority)을 가지고서(Waghid, 2004: 532) 정책을 펼쳐 가도록 해 준다.

반면 우분투는 경제적 불평등에 대해서는 관용을 덜 베푼다. 왜냐하면 어느 누가 타인보다 훨씬 많은 부를 소유했을 때 서로 연대감(a sense of togetherness)을 기르기가 어렵기 때문이다(Metz and Gaie, 277). 하지만 남아공은 여전히 경제적 불평등으로 어려움을 겪고 있다. 그래서 상대적으로 백인과의 경제적 연대감보다는 흑인이나 가난한 자들 간의 정치, 경제, 사회, 문화적 연대감이 더욱 강하다.

3) 문화다양성교육

우분투는 문화다양성교육에 도움을 줄 수 있다. 우분투는 인종, 계급 혹은 부와 상관없이 타인의 믿음과 문화의 특수성을 인식하는 통합적 아프리카 비전(unifying African vision)을 보여 준다(Sarpong, Bi and Amankwah-Amoah, 20). 이런 사고는 개인적 유사성과 차이를 구별하고 이를 무조건적으로 존중하는 것이 필요하다. 우분투는 구성원들이 가진 인종, 계급, 부와 상관없이 공동체 안에서 개인이 점유한 위치를 존중하고, 사람들의 대화, 사람들이 편안하게 제한없이 자신의 관점과 견해를 자유롭게 말하는 분위기를 조성해 준다. 이런 사고의 기저에는 다원주의적 사고가 바탕을 두고 있으며, 이를 신장시키는 데는 소속감, 공동의 복지와 모든 관점의 인식을 도우려는 친행동적 언어 사용이 중요하다(Sarpong, Bi and Amankwah-Amoah, 20).

우분투는 다양성 가운데 일치를 지향하기에 문화 다양성을 기본적으로 존중한다고 볼 수 있다. 그러기에 우분투는 비인종주의적이며 반인종주의적이다. 우분투는 타자의 문화를 수용하고 세계적 관점으로 아프리카를 통합하는 보이지 않는 힘이다. 우분투는 인종과 문화를 초월하여 다인종적 그리고 다문화적 맥락으로부터 진화하고 있다. 그래서 우분투는 가치와 문화체계가 다름에도 불구하고, 구성원들에게 기회의 자유를 주어야 한다(Makgoba, 1996, Enslin, 547에서 재인용).

우분투는 공동체주의를 지향하기에 Nussbaum(2002)이 제시한 시민교육 정신에도 잘 적용될 수 있다. 그가 주장한 공동체주의 시민교육을 보면, 첫째, 공동체주의 시민교육은 자신과 자신이 가진 전통에 대해서 비판적 검토 능력을 낳는다. 둘째, 공동체주의 시민교육은 사람들이 스스로 자신을 다양성을 존중할 필요가 있는 인간으로 보도록 요구한다. 셋째, 공동체주의 시민교육은 사람들이 '타자'를 생각하도록, 즉 역지사지의 자세를 가지고서 일어날 수 있는 것으로 생각하도록 동기부여를 한다(Waghid, 534). 여기서 첫째는 자문화 중심주의 오류에 함몰되지 않도록 자기경계와 자기부정을 줄 수 있을 것이다. 그리고 둘째와 셋째의 내용은 특히 문화다양성교육에 큰 의의를 줄 수 있을 것이다. 여기서 우분투는 기본적으로 다양성을 존중하고 타자의 입장과 관점을 인정하고 배려하는 데 중점을 두고 있어서 문화다양성교육에 매우 적절한 세계관이라고 볼 수 있다. 그리고 타인과의 관계와 그 관계의 존중은 모든 정보와 지식의 기초이다. 참여는 인간 개발에 필수적이다. 이웃이 제공하는 경험, 지식과 사고는 우리 자신의 성장에 필수적이다(Blanken-berg, 1999: 46, Venter, 156에서 재인용).

4. 아프리카 우분투와 세계시민교육 실천

본고에서는 아프리카의 우분투와 세계시민교육의 연계가능성에 대해서 살펴보았다. 우분투는 아프리카를 대표하는 세계관이다. 우분투는 세상과 타자와 더불어 사는 삶을 지향하는 아프리카의 전통적인 생활철학이다. 제국주의 시대에 타자에 의해서 강요당하고 억압된 삶을 살았을지라도, 우분투는 아프리카인을 아프리카인으로 살게 한 핵심적 사상이다. 그리고 현대사에서 독재와 착취의 고난의 삶 속에서 서로 의지하며 오늘을 살아가게 하는 힘의 원천이라고 해도 과언이 아니다. 특히 우분투는 남아프리카공화국의 인종차별정책인 아파르트헤이트의 철폐를 가져온 만델라 대통령, 음비키, 투투 신부 등의 투쟁사를 통하여 전 세계에 알려지게 되었다. 그리고 이것은 아프리카 원주민들이 굴욕과 착취의 삶을 살았으면서도, 가해자들을 용서할 수 있는 힘의 원천인 우분투에 대해서 세계가 관심을 갖는 계기가 되었다.

우분투의 정신은 개인의 성장과 사회 공동체 안에서의 책무성을 강조하고 있다. 개인은 사회공동체 안에서의 성장한다고 보고 있다. 우분투는 기본적으로 서구의 사상의 핵심인 개인주의로부터 공동체주의로 나아감이 아니라, 공동체주의 안에서 개인의 성장을 보고 있다. 아프리카는 산업화와 도시화가 상대적으로 늦었지만 공동체주의를 우선적 가치로 여기고 있다. 이런 아프리카의 공동체주의 세계관은 세계화 시대에 더욱 소중한 자산이 되고 있다.

아프리카 공동체주의 정신인 우분투는 타자의 존중에서 시작하여 타자와의 조화를 추구하고 다양성을 존중하고 있다. 타자의 존중을 통해서 자신도 존중받는 것은 더불어 사는 삶을 실현하도록 하여 평화로운 세계를 가능하게 한다. 우리는 나와 공동체 사이에 용서와 화해, 즉 관용의 메커니즘을 투사하여 더욱 조화로운 세계를 추구할 수 있다. 그래서 우분투는 세계시민교육에 대해 시사하는 바가 매우 크다고 볼 수 있다.

유네스코는 '지식 정보와 비판적 문해력을 갖춘 학습자, 풍부한 사회적 관계 속에서 다양성을 존중하는 학습자, 그리고 윤리적인 책임감을 갖고 참여하는 학습자'(유네스코 아시아태평양 국제이해교육원, 2015: 28)를 세계시민으로 보고 있다. 이 중에서 풍부한 사회적 관계 속에서 다양성을 존중하는 학습자는 '다양한 차원의 정체성, 사람들이 속한 다양한 공동체와 공동체간의 상호연계 방식, 차이와 다양성의 존중'을 지닌 사람이다. 이 자질들은 유네스코가 지향하는 세계시민이고, 이를 기르고자 하는 교육이 세계시민교육이다. 여기서 우분투는 세계시민교육이 지향하는 바와 일치하는 정도가 큰 세계관임을 쉽게 확인할 수 있다.

우분투는 세계시민교육이 지향하는 다양한 정신을 실현할 수 있는 세계관을 제공해 주고 있다. 특히 우분투는 세계시민교육의 평화교육, 관용 교육과 문화다양성 교육에 큰 기여할 수 있다. 평화는 서로의 존중 속에서 가능하다. 전쟁과 다툼이 없는 상태라는 소극적인 평화에서부터 함께 더불어 사는 삶을 지향하는 적극적인 평화에 이르기까지, 평화를 유지하기 위해서는 서로의 존중과 신뢰가 요구된다. 이를 위해서는 개인과 사회에 만연한 폭력의 문화를 평화의 문화로 전환할 수 있는 힘 혹은 능력을 길러 주는(권순정·강순원, 2015: 37) 평화교육이 필요하다. 우분투는 함께함, 형제애, 공유, 공감, 동정심 등의 가치를 통하여 평화로운 세계를 만들고 있다. 그래서 우분투는 평화교육에 중요한 사고와 전략을 제공하기에 충분하다.

다음으로 관용은 학생들이 상호 이해와 상호 이타주의를 인식하는 능력을 육성하는 데 기여를 할 수 있다. 학생들이 남아공을 넘어서 세계가 언어적, 종교적, 문화적 그리고 국민적 다양성을 가진 공동체임을 인식하고, 이를 유지하고 지원하는 데 있어서 관용이 필요하다. 관용은 상호 이해와 다양성을 존중하는 데 있어서 필요조건으로 볼 수 있다. 남아공 우분투의 관용은 남아공을 넘어서 아프리카, 그리고 글로벌 수준으로 지평을 확대할 수 있다. 그리고 이는 타문화, 문화 다양성 등을 존중하는 가치와 태도를 갖추게 하는 데 중요한 동인이 된다. 타자의 문화를 존중하는 우분투 정신은 세계시민교육의 중요한 기둥인 문화다양성 교육에 큰 기여를 할 수 있다. 더 나아가 아프리카 내에서의 관용은 인종, 민족 간의 갈등과 내전, 국가간의 전쟁을 막을 수 있다. 그래서 우분투의 관용 정신은 상호 간의 이해와 존중을 통하여 아프리카 대륙을 포함한 세계의 평화를 지키고 이끌어 낼 수 있다.

마지막으로 우분투는 아프리카의 다양성에 대한 경험을 세계로 확산시킬 수 있는 중요한 동인이기도 하다. 아프리카는 인류가 가질 수 있는 거의 모든 다양성을 지니고 있는 다양성의 보고이다. 특히 아프리카의 인종, 언어, 문화, 종교 등의 다양성은 아프리카가 지니고 있는 장애물이자 가능성이다. 우분투는 문화 다양성을 통하여 서로 간의 조화를 이끄는 경험을 제공하고 있다. 아프리카는 우리가 문화 다양성을 인정하지 않았을 때, 인류가 얼마나 슬픈 아픔을 겪어야 함을 잘 증명해 주고 있다. 그 아픔의 종결과 새로운 치유는 우분투에서 비롯될 수 있다. 그리고 세계의 쟁점과 문제의 해결도 우분투가 보여 주는 다양성의 인정에서 시작됨을 세계에 알리는 역할을 수행하고 있다. 그래서 우분투는 세계시민교육이 지향하는 문화다양성 교육에 큰 기여를 할 수 있다.

우분투는 개인과 공동체의 삶에서 관용의 마음을 갖게 함으로써 세계의 평화와 문화 다양성을 이끌어 주고 있다. 그래서 우리는 아프리카의 우분투 정신으로부터 세계시민교육의 나아갈 바를 배울 수 있을 것이다. 글로벌 시대이자 국가 이기주의가 만연한 시대에 아프리카로부터 온 우분투에서 세계시민으로서 살아가는 지혜를 구할 필요가 있다.

주제 중심의 시민교육 방법 탐색

참고 문헌

권순정·강순원(2015). 평화교육과 인권교육의 상보성에 관한 연구. 국제이해교육
  연구 10(1). 31-62.

기타지마 기신(北島義信), 조성환(역주)(2017). '토착적 근대'와 평화. 한국종교 41.
  원광대학교 종교문제연구소. 51-79.

김내용(2004). 아프리카 문화적 관점으로 본 성숙한 인간됨의 의미. 선교신학 9.
  93-107.

김향모(2005). 벽 허물기, 다름의 긴장을 연합으로: 한국과 남아공의 정치 문화적
  정황(context)으로 본 온정(溫情)적 성경 읽기. 한국아프리카학회지 21. 한
  국아프리카학회. 59-84.

박남기(2017). 제4차 산업혁명기의 교육개혁 새 패러다임 탐색. 敎育學硏究 55(1).
  한국교육학회. 211-240.

유네스코 아시아태평양 국제이해교육원 편(2015). 유네스코가 권장하는 세계시민
  교육 교수학습 길라잡이. 유네스코 아시아태평양 국제이해교육원.

이경한(2017). 아프리카의 우분투를 통한 세계시민교육의 가능성 탐색. 국제이해
  교육연구 12(2). 한국국제이해교육학회. 125-148.

이은지(2016). 한 사람은 다른 사람들을 통해 한 사람으로 존재한다-최은영 론. 문
  학동네 23(4). 113-134.

Bonn, M.(2007). Children's Understanding of 'Ubuntu'. *Early Child Development
  and Care* 177(8). 863-873.

Enslin, P.(2003). Citizenship Education in Post-Apartheid South Africa. *Cambridge
  Jr. of Education* 33(1). 73-83.

Enslin, P. and Horsthemke, K.(2004). Can Ubuntu Provide a Model for Citizen-
  ship in African Democracies?. *Comparative Education* 40(4). 545-558.

Gade, C. B. N.(2011). The Historical Development of the Written Discourses on Ubuntu. *South African Jr. of Philosophy* 30(3). 303-329.

Gade, C. B. N.(2012). What is Ubuntu? Different Interpretation among South Africans of African Descent. *South African Jr. of Philosophy* 31(3). 484-503.

Grange, L. and Beets, P.(2005). Geography Education in South Africa after a Decade of Democracy. *Geography* 90(3). 267-277.

Lemon, A. and Stevens, L.(1999). Reshaping Education in the New South Africa. *Geography* 84(3). 22-232.

Letseka, M.(2012). In Defence of Ubuntu. *Stud Phiols Educ* 31. 47-60.

Matolino, B., Kwindingwi, W.(2013). The End of Ubuntu. *South African Jr. of Philosophy* 32(2). 197-205.

Metz, T. and Gaie, J. B. R.(2010). The African Ethic of Ubuntu/Botho: Implications for Research on Morality. *Jr. of Moral Education* 39(3). 273-290.

sj Miller(2016). Ubuntu: Calling in the Field. *English Education* 48(3). 192-200.

Montevecchi, M.(2011). Language, Education, Culture in Language: Comparing Cultures through Words in South Africa. 比較文化研究 24. 경희대학교 비교문화연구소. 205-225.

Morris, A. and Hyslop, J.(1991). Education in South Africa: the Present Crisis and the Problems of Reconstruction. *Social Justice* 18(1). 259-270.

Muzvidziwa, I. and Muzvidziwa, V. N.(2012). Hinhu(Ubuntu) and School Discipline in Africa. *Jr. of Dharama* 37(1). 27-42.

Murithi, T.(2009). An African Perspective on Peace Education: Ubuntu Lessons in Reconciliation. *International Review of Education* 55. 221-233.

Nel, E. and Binns, T.(1999). Changing the Geography of Apartheid Education in South Africa. *Geography* 84(2). 119-128.

Sarpong, D., Bi, J. and Amankwah-Amoah, J.(2016). On the Nurturing of Strategic Foresight: the Ubuntu Perspective. *Futures* 75. 14-23.

Staeheli, L. A. and Hammett, D.(2013). For the Future of the Nation: Citizenship, Nation, and Education in South Africa. *Political Geography* 32. 32-41.

Swanson, D. M. Ubuntu, Indigenity, and an Ethnic for Decolonizing Global Citizenship, Ali A. Abdi and Thashika Pillay(eds.). *Decolonizing Global Citizenship Education*. Sense Publishers. 27-38.

Thabiso, M. V.(2011). UBUNTU: AmaZulu of Southern Africa's Philosophy of Appreciating Family, Kinship and Humanity in General through Respectful Community Orientation. *Asian Journal of African Studies* 29. 韓國外國語大學校 아프리카問題硏究所. 267-296.

Venter, E.(2004). The Notion of Ubuntu and Communalism in African Educational Discourse. *Studies in Philosophy and Education* 23. 149-160.

Waghid, Y.(2004). Compassion, Citizenship and Education in South Africa: an Opportunity for Transformation?. *International Review of Education* 50(5-6). 525-542.

5장

인공지능을 활용한
디지털 시민교육

정영식

전주교대 컴퓨터교육과

4차 산업혁명은 인공지능과 빅데이터, 클라우드 서비스와 같은 첨단 기술이 다양한 분야에서 융합되어 새로운 부가가치를 창출하고, 생산을 주도하는 사회 구조적 변화이다. 인공지능은 인간의 지적 능력을 '컴퓨터로 구현한 지능'으로 4차 산업혁명을 촉발하는 핵심 동력이 되어 산업구조뿐만 아니라 사회와 제도를 변화시키고 있다. 인공지능은 각종 센서를 이용하여 보고, 듣고, 이해할 수 있으며, 머신 러닝과 딥러닝 기술을 활용하여 스스로 학습하고, 최적화하고, 의사결정할 수 있다. 2016년 이세돌 9단을 이긴 알파고(AlphaGo)는 2017년 커제 9단을 이김으로써, 바둑 세계에서 인간을 대상으로 완전한 승리를 얻었다. 최근에는 고도화된 뇌과학 연구를 바탕으로 원시 데이터 자체만으로도 학습이 가능한 인공지능 기술이 개발되고 있다.

이렇게 인공지능이 사회 전반에 거쳐 새로운 변화를 주도하는 지능

정보사회에서 시민교육은 어떠해야 하는가? 이에 대한 답을 구하려면 우선, 인공지능의 개념을 살펴보고, 인공지능을 활용한 시민교육의 내용과 방법, 역량 평가 방법을 살펴보자.

1. 인공지능의 개념

인공지능(AI)은 '인공(Artificial)'과 '지능(Intelligence)'이 합쳐진 말로서 '인공'은 자연적인 것을 복사하거나 인위적으로 만드는 것을 의미하며, '지능'은 지식을 얻거나 적용하는 능력을 의미한다. 따라서 인공지능은 인간이 지식을 획득하고 적용하는 능력을 컴퓨터나 기계에 인위적으로 만들거나 복사하는 것을 의미한다. 간단히 표현하면, 인간의 두뇌가 가진 지적 능력을 컴퓨터나 기계에 구현하는 것을 의미한다.

인공지능에 대한 정의는 학자마다 다를 수 있지만, 다음과 같이 기술의 한 분야로서의 좁은 의미와 학문의 한 분야로서의 넓은 의미로 구분할 수 있다. 우선, 좁은 의미의 인공지능은 인간이 가진 지적 능력을 컴퓨터로 구현한 기술을 의미한다. 즉, 컴퓨터나 기계가 인간처럼 생각하고 행동할 수 있게 하는 기술을 의미한다. 넓은 의미의 인공지능은 관련 기술뿐만 아니라 인간이 인식하고, 판단하고, 추론하고, 사고하고, 학습하는 데 사용되는 두뇌 작용을 이해하는 학문 분야를 의미한다. 즉, 인간의 인지 능력과 지능을 이해하는 인지과학이나 신경학 등이 포함될 수 있다.

따라서 이러한 인공지능이 인간의 지적 능력을 구현함으로써 발생될 수 있는 여러 가지 문제를 해결하려면 인간의 자율적 판단과 그에 따른 책임 의식이 더욱 중요해지는데, 이는 시민 의식과 직접적으로 연결된다. 인공지능이 구현한 지적 능력이 우리 삶과 사회에 어떤 영향을 미칠지 비판적으로 바라보고 합리적으로 판단하려는 시민 의식은 더욱 강조되어야 한다.

1) 인공지능의 특징

미국의 캘리포니아 대학의 존설(John Searle) 교수는 인공지능을 약한 인공지공(week AI)와 강한 인공지능(strong AI)로 구분하였다. 약한 인공지능은 유용한 도구로 설계된 인공지능을 말하는데, 소프트웨어 개발자가 설계한 범위 내에서 기능을 구현한 것을 의미한다. 대표적인 예로 인공지능 바둑 프로그램인 알파고가 있다. 강한 인공지능은 인간을 완벽하게 모방한 인공지능을 말한다. 강한 인공지능은 공상과학 영화 속에 등장하는 터미네이터처럼 생각이나 의식, 마음, 정신 등을 복잡한 정보처리로 구현하여 인간보다 뛰어난 지적 능력을 가진다.

인공지능은 문제를 해결하거나 작업을 수행할 때 신속성, 정확성, 지속성, 학습성, 범용성, 독립성을 갖는다. 첫째, 신속성은 규칙적이고 반복적인 작업을 빠르게 처리할 수 있음을 의미한다. 체스 경기를 할 때 인공지능은 경우의 수를 인간보다 빠르게 계산하여 가장 승률이 높은 위치로 말을 옮길 수 있다. 둘째, 정확성은 대량의 데이터를 분석하여 정확하게 분류하거나 예측할 수 있음을 의미한다. 인공지능은 우편물이나 택배를 정확하게 분류하여 원하는 지역에 발송할 수 있다. 셋째, 지속성은 지치지 않고 업무를 계속해서 처리할 수 있음을 의미한다. 인공지능은 전력이 유지되는 한 쉬지 않고 데이터와 업무를 처리할 수 있다. 넷째, 학습성은 기존의 데이터로 학습하여 새로운 모델을 생성함을 의미한다. 인공지능 챗봇은 입력된 질문과 답변을 분석하여 새로운 질문이 들어와도 스스로 답할 수 있다. 다섯째, 범용성은 특정 모델을 수정하여 다양한 분야에 적용할 수 있음을 의미한다. 이미지를 식별할 수 있는 인공지능을 이용하여 스마트폰의 안면 인식 프로그램으로 사용할 수 있다. 여섯째, 독립성은 인간의 개입을 최소화할 수 있음을 의미한다. 인공지능은 우주 탐사나 폭탄 해체와 같이 위험한 환경에서 인간의 개입 없이 독립적으로 작동할 수 있다.

이러한 인공지능의 특성으로 인해 인공지능은 특정 분야에서 인간보다 뛰어난 능력을 발휘할 수 있지만, 그와 반대로 인간에게 해로운 존재가 될 수 있다. 따라서 특정 부류만이 접근하는 인공지능이 아닌, 모두가 보편적으로 접근할 수 있는 인공지능이 될 수 있도록 시민 의식을 갖고 지켜봐야 한다.

2) 인공지능과 데이터

인공지능은 데이터를 통해 학습하므로 아무리 훌륭한 인공지능일지라도 데이터 이상의 능력을 발휘하기 어렵다. 데이터의 품질은 곧 인공지능의 성능을 좌우한다. 코로나-19로 촉발된 디지털 혁명으로 사회, 경제, 교육 분야에서 디지털 플랫폼이 본격적으로 사용됨에 따라 방대한 데이터가 쌓이고 있다. 이러한 데이터는 인공지능에 의해 분석되어 새로운 가치를 창출할 수 있다. 알파고가 인간을 대상으로 한 바둑 대국에서 승리했던 이유는 수많은 기보와 데이터가 있었기 때문이다.

인공지능을 학습시키기 위한 데이터의 규모는 적용 분야나 방식, 수준에 따라 차이가 있지만, 뛰어난 인공지능을 개발하려면 관련 데이터를 수집하고, 관리하고, 공유하는 체계를 마련해야 한다. 이러한 데이터 공유체계를 구축하기 위한 전제 조건을 살펴보면 다음과 같다.

첫째, 우수한 데이터를 확보해야 한다. 현재 수집된 데이터는 인공지능이 활용할 목적으로 수집되지 않아 신뢰할 만한 것인지 입증되지 않았다. 더욱이 현재의 데이터는 인공지능 분석을 전제로 설계되지 않았고, 데이터 형태도 표준화되지 않아 인공지능을 개발하는 데 적합하지 않을 수 있다. 또한, 수집된 데이터가 사회적인 편견, 부정확함, 오류 및 실수를 포함할 수 있으므로, 데이터를 활용하기 전에 편협되고, 부정확하고, 악의적인 데이터를 걸러내야 한다.

둘째, 데이터 사용에 대한 책임감을 부여해야 한다. 사용자는 자신의 정보를 누가 사용하고 있는지, 그리고 그것이 어떤 영향을 미치는지, 수집된 정보가 어떻게 활용되는지, 데이터 전문가나 개발자에게 어떤 정보를 얼마큼 허용하고 있는지를 알아야 한다. 또한, 데이터 오용과 침해로 데이터를 분실할 경우, 누가 책임을 지고 해결해야 하는지를 규정을 통해 명확하게 제시해야 한다.

셋째, 충분한 데이터를 축적해야 한다. 신기술 도입에 소극적인 교육 분야에서는 필요한 데이터를 충분하게 확보하지 못하고 있으며, 개인 정보보호법에 따라 철저하게 보호되고 있는 데이터를 활용하는 데에도 어려움이 많다. 인공지능을 활용한 개인화된 학습이 민간 기관이나 해외에서는 점차 대중화되고 있지만, 국내 학교에서는 여전히 인공지능을 활용한 사례가 많지 않다. 개별화 학습을 위해 필요한 데이터를 수집하려면 학생들과 상호작용하는 방식을 교실 수업 중심에서 온·오프라인 통합 방식으로 변경해야 한다. 코로나19로 촉발된 전면적인 원격수업(distance learning)과, 사회적 거리두기로 시행되고 있는 온·오프라인 혼합 수업(blended learning)은 학습 데이터를 수집하기에 적합한 디지털 교육 환경이다.

넷째, 데이터의 접근성을 확보해야 한다. 인공지능 기술을 활용하는 데 필요한 비용이 낮아졌지만, 여전히 인공지능에 대한 활용과 접근은 쉽지 않다. 인공지능이 정당한 목적과 절차에 따라 개인의 학습 데이터에 접근할 수 있어야 하고, 기관 내 또는 기관 간에 운영 중인 정보시스템에 접근하여 데이터를 취합하고 그것을 분석하여 중요한 정책 결정에 도움을 줄 수 있어야 한다. 현재는 학생과 교사들이 사용하는 정보시스템들이 여러 기관에 흩어져 있어, 그것을 취합하거나 연계하여 통합적으로 분석하는 데 한계가 있다.

다섯째, 데이터 분석 기술의 한계를 인정하고 극복해야 한다. 현재까지 데이터 분석 기술은 완벽하지 않다. 특히 수준별 맞춤 학습을 위한 인공지능 기술은 학습 데이터가 부족하고, 특정 기관 또는 특정 집단의

주제 중심의 시민교육 방법 탐색

데이터만을 분석한 것이어서 일반화하는 데 한계가 있다. 또한, 데이터가 학생의 전반적인 특성을 반영하기보다는 특정 과목의 성적이나 참여도만을 반영한 것이어서, 학생의 성장이나 발달 전체를 통찰하는 데 적절하지 않다. 따라서 데이터 분석 기술의 한계를 인정하고, 인공지능이 분석한 결과를 학생들에게 적용할 때 교사의 개입 없이 적용하는 것은 매우 위험한 것임을 인지해야 한다.

인공지능의 품질과 성능은 데이터에서 비롯된다. 따라서 인공지능에서 사용하는 데이터가 편견이나 혐오가 없이 공정한 것인지, 수집된 데이터는 신뢰할 만하고 다양성을 인정하는지를 감시하고 감독하는 역할이 필요하며 이는 인공지능 사회를 살아가는 시민으로서 당연한 역할이다.

3) 인간과 인공지능

인공지능을 이해하는 방법 중 하나는 인간지능과 비교하는 것이다. 우선 인간지능과 인공지능의 공통점은 모두 입력과 출력이 있다는 것이다. 즉, 입력된 데이터에 따라 반응하고, 신경망 구조를 활용하여 정보를 추상적으로 처리하고, 학습을 통해 판단한다. 인공지능은 이미지나 소리를 분류할 때 데이터를 통해 학습하고, 인간지능은 개인의 경험을 통해 학습한다.

인간지능과 인공지능의 차이점은 다양하다. 첫째, 인공지능은 인간 행동을 모방하는 것을 목표로 삼지만, 인간지능은 새로운 환경을 변화시키고 적응하는 것을 목표로 삼는다. 둘째, 인공지능은 수많은 데이터를 입력받아 학습하지만, 인간은 데이터 하나만으로도 무엇인지 이해할 수 있다. 이와 반대로 충분히 학습한 인공지능은 수많은 데이터를 순식간에 인식할 수 있지만, 인간지능은 수많은 데이터를 보여 줘도 이해하지 못할 때가 있다. 셋째, 인공지능은 주로 훈련할 때 사용한 데이터와 그 관계를 기반으로 결정하지만, 인간지능은 습득한 지식과 경험을 기반으로 새로운 추론과 논리를 통해 결정한다. 넷째, 인공지능이 감정을 표현하더라도 실제로 그러한 마음이 없지만, 인간지능은 상대방을 미워하거나 사랑하는 마음을 갖고 감정을 표현한다. 다섯째, 인공지능은 수학적으로 완결된 업무만을 할 수 있지만, 인간의 뇌는 수학적으로 완결하지 않더라도 처리할 수 있다. 여섯째, 인공지능은 입력되는 데이터와 명령, CPU와 메모리 성능에 따라 달라지지만, 인간지능은 뇌의 기억력과 사고력 등 다양한 인지 능력과 경험에 따라 달라진다.

인간지능과 인공지능의 공통점과 차이점을 통해 인공지능을 깊이 이해함으로써 인공지능이 우리 삶과 사회에 미치는 영향을 잘 이해할 수 있다. 인공지능에 대한 깊은 이해는 인공지능 사회를 살아가는 시민으로서 자발적 참여로 이어지고, 인공지능에 대한 보편적 접근을 실현하는 데 큰 도움이 될 것이다.

2. 인공지능 사회에서의 교육

인공지능을 활용한 자동화 기술은 직업 세계를 크게 변화시키고 있다. 초기에는 인공지능이 재난 현장이나 건설 현장 등에서 사람들이 일하기에 부적합하거나 위험하고 더러운 일들을 대체하고 있지만, 앞으로는 사람들이 하고 싶어 하는 일들도 대체할 것이다. 책상에 앉아서 처리하는 일들을 대체하고, 의사를 능가하고, 투자 전문가나 광고 전문가들과 경쟁할 것이다. 특히 인간의 고유한 영역으로 삼았던 글쓰기, 그림 그리기, 작곡하기 등 창작 영역까지도 인공지능이 대체할 수 있고, 지금도 일부는 실험적으로 대체하고 있다.

한국고용정보원에 따르면, 2045년에는 대부분의 업무가 인공지능에 의해 대체될 것이라고 한다. 2018년에 열린 국제경제포럼(WEF)에서 스위스 싱크탱크(Swiss Think Tank)는 2022년까지 인공지능이 7,500만 개의 일자리를 대체하고 1억 3,300만 개의 일자리를 창출할 것이라고 예측했다. 실제로 투자은행인 골드만 삭스는 주식 공모 과정을 자동화하기 위해 전체 인원의 1/3에 해당하는 개발자를 확보하였다. 그동안 주식을 사고팔던 직원을 600명에서 2명으로 감축하고, 그 업무를 자동 거래프로그램에 맡기고 있다. 옥스퍼드대학교 연구팀은 앞으로 없어질 직업에는 텔레마케터와 운전기사, 약제사라고 예측하였다.

인공지능은 공장에서 반복적으로 하는 일뿐만 아니라, 사람만이 할 수 있는 일로 알고 있던 직업들도 대체할 것이다. 구글은 고객을 대신해 미용실을 예약하는 듀플렉스를 만들었으며, 최근에는 인공지능 화가나 인공지능 작가, 인공지능 기자 등 예술이나 문학 분야에서도 인공지능이 활용되고 있다. 이러한 일자리 감소와 실업 문제는 빈부격차를 더욱 심화시켜 새로운 사회문제로 대두될 것이다.

그러나 인공지능이 기존의 일자리를 없애기만 하는 것은 아니다. 과거의 첨단 기술들도 특정 분야의 일자리를 감소시켰지만, 전체적으로는 새로운 일자리 창출과 함께 근로자의 소득을 높이는 긍정적인 영향을 미쳤다. '2040 UN 미래보고서'에 따르면, 인공지능 전문가라는 직종이 생겨나고, 무인 자동차를 고치는 엔지니어, 로봇 기술자, 복제 전문가 등 인공지능과 관련된 새로운 직종이 생겨날 것으로 예상하였다. 또한, Microsoft(2019)의 조사 결과에 따르면, 아시안 국가에서 인공지능이 생산과 제조업의 일자리를 감소시키지만, 서비스업이나 운송 및 관광 등은 오히려 증가시키는 것으로 나타났다.

결과적으로 인공지능은 기존의 일자리를 대체하는 것보다 새로운 일자리를 더 창출할 수 있으므로, 인공지능을 올바르게 이해하고 새로운 일자리를 준비하기 위한 역량 계발이 선행되어야 한다. 따라서 인공지능 사회에 살아갈 교사의 역할도 변해야 한다. 당장은 인공지능이 교사의 역할을 대체하지는 못하더라도, 조만간에 지식을 전달하는 역할은 인공지능이 대체할 수 있을 것으로 보인다. 인공지능은 자료와 정보, 지식을 수집하고, 분석하고, 처리하는 영역에서는 교사를 빠르게 대체할 수 있지만, 가치를 판단하고, 감정과 정서를 나누는 영역에선 미래에도 여전히 인간의 몫이 될 것이다. 즉, 인공지능이 고도로 발달할지라도 여전히 교사가 해야 할 역할은 여전히 남아 있어, 교사와 인공지

주제 중심의 시민교육 방법 탐색

능이 조화롭게 살아가기 위한 역할 나눔이 필요하다. 학생을 가르치는 일이나 판단하는 일은 가시적으로 보이는 모습을 기계적으로 해석하는 것이 아니라, 학생 내면에 담긴 모습까지 파악해야 하므로 인공지능이 아무리 고도화되더라도 교사의 역할로 남을 것이다.

시민의 역할도 마찬가지이다. 여러 정보 시스템과 센서를 통해 수집된 사회 전반의 데이터는 인공지능을 활용한 감시체계를 고도화시킬 수 있지만, 여전히 데이터 속에 숨겨진 가치와 판단은 시민의 몫이 된다. 따라서 인공지능 사회에 살아갈 시민은 인공지능을 이해하고, 활용할 수 있는 기본적인 소양이 필요하고, 인공지능이 미치는 부정적인 영향을 최소화할 수 있도록 인공지능 사회에 주체적으로 참여하려는 의지가 필요하다.

1) 인공지능 이해 교육

인공지능 이해 교육은 인공지능의 기본 개념과 원리를 파악하여 그것을 생활 속 문제 해결에 활용하는 데 목적이 있다. 나아가 지금까지 보지 못했던 일자리를 상상하고, 만들고, 준비하는 교육이다. 그렇다면 인공지능을 이해한다는 것은 무엇을 이해한다는 것인가? 그리고 인공지능을 이해하고 나서 무엇을 준비해야 하는가? 이러한 질문에 스스로 답하고, 새로운 질문을 찾는 것이 인공지능 이해 교육이다.

어린 학생들에게 인공지능은 매우 신기하고 매력적이다. 내가 일을 시키지 않아도 스스로 알아서 해 주는 인공지능은 그 자체만으로 궁금

증과 호기심을 유발한다. 이러한 호기심은 인공지능의 기본 개념과 원리를 이해하는 데 활용될 수 있으며, 일부 학생들은 인공지능을 직접 체험하고, 만들어 보고 싶은 욕구로 발전할 수 있다. MIT 미디어랩은 어린 학생들에게 인공지능의 개념과 원리를 이해시키기 위한 활동으로 인공지능에 대한 기본적인 개념과 사례를 소개하고 입력, 처리, 출력 등 알고리즘의 3단계를 이해할 수 있도록 제시하고 있으며, 인공지능의 정확성이 학습 데이터에 따라 달라질 수 있음을 이해하도록 지도하고 있다.

인공지능 이해 교육의 특징을 정리하면 다음과 같다.

첫째, 인공지능에 대한 호기심으로 시작하여 다른 분야로 확대한다. 인공지능 이해 교육은 시험에 합격하기 위해 뭔가를 암기시키는 교육이 아니라, 일상생활 속에서 늘 사용하고 있는 인공지능이 어떻게 작동되는지, 그것이 어떤 결과를 초래할 수 있는지 깊게 생각할 수 있는 사고력 교육이다. 물론 인공지능을 충분히 이해하려면 알고리즘이나 프로그래밍과 같은 컴퓨터과학을 비롯해 수학에 대한 기본 원리가 밑바탕이 되어야 하고, 인공지능을 활용하기 위한 데이터를 여러 분야에서 수집해야 한다. 따라서 인공지능에 대한 호기심은 다른 교과로 자연스럽게 연결되고, 그것이 다시 인공지능 분야로 연결되어 선순환적인 호기심이 유발될 수 있다.

둘째, 인공지능을 사용하고 통제하기 위한 기본 소양을 기른다. 인류가 만들게 될 인공지능은 대부분 인간과 친화적이고 자연스럽게 소통할 수 있는 믿을 만한 로봇일 것이다. 그러나 아무리 인공지능이 믿음직

주제 중심의 시민교육 방법 탐색

하고 편리할지라도 그것을 관리하고 통제할 수 있는 능력은 민주시민이 갖추어야 할 기본 소양이다. 따라서 인공지능을 통제한다는 것의 의미를 정확하게 이해하고, 내가 직접 인공지능을 통제할 수 있는 능력을 기르는 것, 그리고 나와 관련된 의사결정은 직접 내릴 수 있는 역량을 길러야 한다. 인공지능이 주는 정보는 참고하되, 스스로 결정을 내릴 수 있어야 한다.

셋째, 인공지능이 우리 삶에 미치는 영향을 이해한다. 인공지능은 우리 사회를 깜짝 놀랄 정도로 편리한 세상으로 만들거나, 그와 반대로 인간을 지배하는 치명적인 세상으로 만들 수 있다. 그러나 지금의 인공지능은 우리 삶 속에서 조용하면서도 보편적으로 사용되고 있다. Netflix와 YouTube로 동영상을 볼 때 인공지능은 내가 본 것을 학습하여 내가 무엇을 좋아하는지를 알아내고, 내가 좋아할 만한 것을 재생 목록에 추가한다. 앞으로 개인의 삶과 사회 전반에서 인공지능의 영향은 점차 확대될 것이다.

인공지능 이해 교육을 통해 민주시민으로서 우리 삶을 보다 주체적으로 살아가려면, 호기심을 바탕으로 인공지능을 이해하고, 인공지능을 활용하고 통제하기 위한 기본 소양을 갖추며, 나아가 인공지능이 우리 삶과 사회에 미치는 영향을 스스로 분석하고 스스로 대처해 나갈 수 있어야 한다.

2) 인공지능 활용 교육

인공지능 활용 교육은 교수학습활동에 인공지능 기술을 적용하는 것이다. 즉, 인공지능을 교육 내용으로 접근하기보다는 교육 방법이나 도구로 접근하는 것으로서 무엇을 가르치는 것을 설명하기보다는 인공지능 활용 교육이 왜 필요하며, 그것이 학생들에게 어떤 효과가 있는지를 설명하는 것이 더 합리적이다. 시민교육 분야에 인공지능을 채택하는 것은 속도가 더딜 수 있지만, 언젠가는 인공지능을 활용한 시민교육이 일상화될 것이고, 그 변화는 이미 코로나19로 인해 시작되었다. 인공지능 활용 교육을 통해 학생들에게 시민교육을 더 잘 이해시킬 수 있고, 학교 교육에도 실제적인 도움을 줄 수 있다. 인공지능을 활용한 시민교육의 장점을 정리하면 다음과 같다.

첫째, 인공지능을 활용할 수 있는 기회를 제공한다. 인공지능을 활용한 시민교육은 학생들이 자료를 찾거나 정보를 주고받을 때 전혀 새로운 방식을 경험하게 한다. 매일 사용하고 있는 인터넷 검색은 인공지능이 도움을 주고 있지만, 어디서 어떤 역할을 하고 있는지는 거의 알지 못한다. 그러나 인공지능은 과거에 찾았던 자료를 분석하여 내가 찾을 만한 것들을 미리 보여 준다. 이러한 기능은 시민교육에 생소한 어린 학생들도 쉽게 원하는 자료를 찾게 해 주고, 발달 단계와 수준을 고려한 자료 찾기에도 도움을 준다. 또한, 학습하면서 학생들이 남긴 기록을 따라 학생들의 말이나 행동, 태도, 습관 등을 분석하여 관심사가 무엇이고, 무엇을 필요로 하는지 예측하여 제공함으로써 학습 경험을 확장해 나간다.

둘째, 학생들의 비판적인 사고와 창의성을 기르는 데 도움이 된다. 시민 의식의 핵심은 비판적 사고이다. 인공지능을 통해 비판적 사고나 창의력을 키우는 데 한계가 있지만, 기술 발달 속도를 고려해 보면 수년 안에 고차원적인 사고력을 기를 수 있을 것으로 예상된다. 인공지능을 활용한 시민교육은 좋은 자료와 정보를 찾는 것뿐만 아니라, 모르는 분야나 새로운 분야에 대한 자료와 정보를 지원할 수 있다.

셋째, 시민교육의 시행착오를 줄일 수 있다. 학생들이 뭔가를 성취하는 데에는 많은 실수와 시련을 겪게 되고, 그러한 시련을 이겨내면 더 달콤한 성취감을 느끼게 된다. 학생들의 실수와 시련은 학습을 위해 필요하지만, 일부 학생들에게 실수와 시련은 좌절감과 패배 의식을 심어줄 수 있다. 더욱이 실수를 다른 사람들에게 감추길 원하는 학생들은 교사나 동료 학생에게 해결 방법을 묻지도 않거나, 그 실수를 해결하려는 시도조차 하지 않는다. 그러나 인공지능은 학생들의 심리적 부담을 줄일 수 있어, 보다 적극적으로 자신의 실수를 고치려고 노력하고, 친절한 인공지능 도움을 받아 스스로 해결함으로써 보다 높은 과제에 도전할 수 있다.

넷째, 학생의 수준과 선호도에 맞는 시민교육이 가능하다. 인공지능을 활용하여 학생들의 요구와 선호도를 고려한 시민교육을 운영한다면 학생들이 보다 적극적으로 참여할 수 있다. 학생들이 시민교육에 참여할 때 가장 힘든 것은 자신의 수준과 선호도를 정확히 알지 못하여 무엇을 준비해야 하는지 모를 때이다. 학급당 학생 수가 20명이 넘는 교실에서 교사 혼자서 모든 학생들의 수준과 선호도를 파악해서 시민교육을 계획하고, 준비하는 것은 현실적으로 불가능하여 도움을 요청하는 학생들을 대상으로만 지원할 수밖에 없다. 그러나 도움이 필요하면서도 교사를 찾지 않거나, 자신이 어떤 도움이 필요한지조차 모르고 있는 학생들에게는 아무런 도움을 줄 수 없다. 그러나 인공지능은 학생들의 학습 데이터를 분석하여 학생들이 필요한 것이 무엇인지를 예측하여 교사에게 전달할 수 있다.

다섯째, 학교 밖 학생들이나 연령 밖 학생들에게 시민교육이 가능하다. 인공지능은 학교뿐만 아니라 학교 밖에서도 활용될 수 있다. 인공지능이 학교에서 교사와 학생을 지원하듯 가정에서도 학부모와 학생을 지원할 수 있다. 학교 밖에서도 인공지능은 학생별 개인 지도와 함께 학생들의 학습 성향에 맞는 콘텐츠를 제공할 수 있다. 특히 장애를 가진 학생이나 기초 학력이 부족한 학생, 성인 학생들에게도 보다 친절하고 구체적인 도움을 줄 수 있다. 인공지능을 활용한 시민교육은 인공지능에 접근할 수만 있다면 이론적으로는 누구든지 그 혜택을 볼 수 있다

학생들의 개별 데이터를 기반으로 학습한 인공지능을 시민교육에 접목하더라도, 인공지능이 개인의 특성을 이해하면서 인간적 성장이나 내적 변화를 이끄는 것은 쉽지 않다. 따라서 인공지능을 활용한 시민교육에서도 교사의 역할은 매우 중요하다. 인공지능의 도움으로 학생의 수준과 선호도에 맞는 시민교육을 추진함으로써 시행착오를 줄이고 학생들의 성공 경험을 확대시켜 시민교육에 대한 관심과 흥미를 유발하는 데 도움이 될 것이다.

3) 인공지능 윤리 교육

인공지능은 실세계 공간과 사이버 공간을 드나들 수 있다. 스마트폰에 포함된 인공지능 비서를 이용하여 일정 관리나 좋아하는 영화나 음악을 듣는 것, 자율주행 자동차를 이용하는 것은 모두 실세계에서 이루어진다. 동시에 인공지능 챗봇을 이용한 학습 상담은 실세계와 사이버 공간을 연결한다. 사이버 공간에서의 의사소통은 인공지능을 포함한 에듀테크를 활용하여 언제 어디서든지 가능하여 편리하며, 면대면 상황에서 발생되는 불편함과 즉각적인 반응에 대한 압박감이 상대적으로 적어 성찰적인 의사소통이 가능하다. 사이버 공간은 무궁무진한 자료와 함께 정보를 공유하고 지식을 나눔으로써 청소년들의 삶과 가치관에 많은 영향을 미친다.

그러나 자료와 정보의 공유는 동시에 개인정보를 유출할 수 있다. 또한, 인공지능은 잘못된 알고리즘으로 인한 편견으로 인해 공정성을 해칠 수 있다. 실제로 인공지능을 활용한 이미지 인식 기능을 갖는 구글 포토는 흑인 여성을 고릴라로 인식하였다. MicroSoft사는 2016년 3월 소셜 챗봇 타이(Tay)를 공개했으나 오바마를 원숭이에 비유하거나 홀로코스트의 존재를 부정하는 등 인종차별적인 문제를 일으켜 단 하루만에 서비스를 중지했다. 한국에서 개발한 대화형 인공지능 로봇인 '이루다'는 여성 및 장애인에 대한 혐오 발언으로 각종 논란에 휩싸여 서비스를 중단하였다. 이렇듯 인공지능은 어떤 데이터가 입력되느냐에 따라, 어떤 알고리즘을 사용하느냐에 따라 그 성능이 좌우되며, 현재까지 그 기술이 완벽하지도 않다.

인공지능도 인간이 만든 알고리즘에 불과하다. 알고리즘 개발자가 의도적으로 차별적인 결과를 도출할 수도 있고, 사생활을 침해할 수 있는 데이터가 입력될 수 있다. 또한, 악의적인 의도로 만들어진 알고리즘이 통제 불가능한 상태가 되거나, 알고리즘의 원리와 작동 방식이 불투명하여 부당한 결과를 도출할 수 있다. 따라서 인공지능의 공공성, 책무성, 통제성, 투명성을 기반으로 한 인공지능 윤리가 강조되고 있고, 최근에는 관련 규정과 지침도 제정되고 있다.

인공지능 개발과 관련된 법률은 이미 상당 수준의 윤리적 원칙을 반영하고 있지만, 윤리는 법과 같은 형식적인 원칙을 넘어선다. 우리가 학습하고, 소통하고, 일하고, 여행하는 방식을 인공지능이 바꾸고 있지만, 인공지능이 미치는 영향과 잠재적인 위협을 깨달아야 한다. 편향된 데이터와 공정하지 못한 알고리즘은 사회적 갈등을 심화시킬 수 있으므로, 인공지능을 설계하고 개발하고 활용하기 위해 윤리적 기준이 마련되어야 한다. 시민들은 이러한 윤리적 기준에 따라 인공지능 기술의 투명성과 공정성을 평가하고, 윤리적으로 또는 사회적으로 미칠 수 있는 문제점을 충분히 알 수 있어야 한다. 시민교육 분야에서 인공지능은 문제점을 심각하게 드러내거나, 무자비하게 학생과 교사를 괴롭히지는 않을 것이다. 그러나 윤리적으로 정당하지 못했다면 그 피해는 더욱 커질 수 있다.

2019년에 MIT 미디어랩에서 개발한 교육과정에는 인공지능 윤리 교육의 목표와 내용을 [표 1]과 같이 제시하였다. 인공지능 알고리즘은 편

[표 5-1] 인공지능 윤리 교육의 목표와 내용

학습 목표	활동 주제	활동 내용
인공지능의 기본적인 작동 원리를 이해한다.	인공지능의 개념과 원리 이해하기	• 인공지능에 대한 기본적인 개념 소개 • 다양한 사례를 제시하여 인공지능 이해 • 인공지능의 예측 결과와 데이터셋 분석
분류 과정에서의 알고리즘 편향성을 안다.	지도학습과 알고리즘의 편향성 이해하기	• 분류 문제를 이해 • 데이터가 정확도에 미치는 영향을 이해 • Teachable Machine으로 분류기를 제작
시스템과 관련된 이해 당사자가 많이 있고, 그들에 의해 시스템이 달라질 수 있음을 인지한다.	알고리즘의 목적성 이해하기	• 알고리즘의 개념 이해. • 알고리즘에서 최고의 의미를 탐색 • 누구에게나 공정한 결과인지를 확인 • 자신의 의견이 어떻게 반영되는지 확인
	알고리즘의 이해 당사자 알기	• 설계할 때 이해당사자가 있음을 이해 • 알고리즘에 포함된 요구를 판단 • 중복되거나 충돌되는 가치가 있음을 이해
	알고리즘의 목적과 동기 찾기	• 알고리즘을 찾아 목적과 동기를 구분 • 알고리즘 예측과 사용 데이터를 식별
시스템의 목표는 이해 당사자의 지식과 인공지능 기술 이해를 적용한다.	알고리즘을 목적과 동기에 맞게 재설계하기	• 이해당사자가 요구하는 것을 정리 • 요구에 따라 알고리즘 목적을 결정 • 새로운 플랫폼의 프로토타입을 작성 • 어떤 기능이 요구를 충족시키는지 상상
기술이 세계에 미치는 영향을 고려한다.	다양한 인공지능 알고리즘과 교류하기	• 다양한 인공지능 기술과 교류 • 누구에게 이롭고 해로울지 설명 • 사회와 미래에 미치는 영향을 생각

향될 수 있고, 이해당사자에 따라 목적이 달라질 수 있음을 인식하는 것을 학습 내용으로 포함하고 있다. 따라서 시민교육에서 포함할 인공지능 윤리 교육에서도 데이터와 알고리즘의 편향성을 이해하고, 그것을 감시하고 관리할 수 있는 역량을 기를 수 있도록 해야 한다.

4) 인공지능 개발 교육

유럽 연합에서는 각계각층의 의견을 수렴하여 2019년 4월에 인공지능 개발에 필요한 윤리 지침을 마련하였는데, 주요 내용으로 '인공지능은 인간의 기본권을 보장하고, 인간에게 해를 끼치는 행위를 하지 말아야 하며, 편견 없이 공정해야 한다'는 것을 포함하고 있다. 따라서 시민교육에서도 인공지능이 이러한 원칙을 준수하고 있는지를 감독해야 하므로, 인공지능 개발 교육에 필요한 기본 소양 교육으로 포함될 수 있다. 구체적인 개발 원칙을 살펴보면 다음과 같다.

첫째, 인공지능은 인간의 기본권을 보장해야 한다. 인공지능을 개발하고 활용할 때 가장 우선해야 할 것은 인간의 기본권 보장이다. 어떠한 기술도 인간의 존엄성과 자유를 침해해서는 안 되며, 민주주의의 절차와 평등, 시민의 권리를 존중해야 한다. 이러한 본질적 가치는 인간뿐만 아니라 기계로부터도 존중되고 보장되어야 한다. 따라서 인공지능은 인간의 정체성이나 본질적인 욕구를 존중하고, 제공하고, 보호하는 방식으로 설계되고 개발되고 활용되어야 한다.

둘째, 인공지능은 개인의 자유를 보장해야 한다. 인간은 누구나 자유롭게 자신의 삶을 결정할 수 있어야 한다. 개인의 자유는 직접적인 강요나 불법적인 행위, 정신적 자율이나 건강에 대한 위협, 부당한 감시와 속임수, 불공평한 조작에서 벗어나는 것을 의미하므로 인공지능은 인간의 자유를 침해하지 말아야 하며, 나아가 위험한 상황에서 벗어나게 하는 인공지능 혜택에서 소외되지 않도록 해야 한다.

셋째, 인공지능은 민주주의의 절차와 평등을 존중해야 한다. 인공지능은 민주적 절차를 유지하고 육성하며, 개인의 가치와 삶의 다원성을 존중하고, 법치주의가 확립한 규범과 법, 지침 등을 훼손하지 않으며, 관련법에 따라 적법한 절차와 평등을 보장해야 한다. 따라서 인공지능을 학습시키는 데 사용한 데이터는 특정 계층에게 유리하거나 불리해서는 안 되며, 편향 없는 데이터로 학습할지라도 그 결과 또한 소수자를 배려해야 한다.

넷째, 인공지능은 시민의 권리를 존중하고 보호해야 한다. 대부분 국가에서 시민들은 참정권, 투표권, 열람권, 청원권 등 광범위한 권리를 보장받는다. 인공지능은 시민의 권리가 침해되지 않도록 공공재와 서비스를 효율적으로 제안하거나 관리하고 개선할 수 있는 방안을 제시해야 한다.

다섯째, 인공지능은 인간에게 해를 끼쳐서는 안 된다. 인간의 기본권을 지키기 위해 인공지능 알고리즘이나 응용 프로그램뿐만 아니라 그것이 작동되는 환경까지도 안전해야 한다. 다른 사람이나 기계에 의해 악의적으로 사용될 수 있음을 알고 그것을 적극적으로 차단할 수 있도록 보장해야 하며, 이러한 위해성은 인간뿐만 아니라 인간에게 영향을 미칠 수 있는 환경과 생명체에게도 위해하지 않아야 한다.

여섯째, 인공지능은 편견 없이 공정해야 한다. 인공지능을 설계하고, 개발하고, 배치하고, 활용하는 것이 실제적으로 공정해야 한다. 특정 개인이나 집단이 불공평한 편견과 차별, 오명으로부터 벗어날 수 있도록 보장하고, 교사와 학생을 동등하게 바라보고, 인공지능을 활용하면서 잘못 선택하지 않도록 도와야 하며, 그 선택으로 인해 책임질 수 있는 사람이 누구이며 그러한 결정이 어떻게 이루어졌는지를 투명하게 설명하고, 모든 이해 당사자들이 차별 없이 참여할 수 있어야 한다.

일반적으로 인공지능은 특정 목적을 달성하기 위해 개발된다. 인공지능과 관련된 이해 당사자들의 관계와 목적을 파악하고, 그것들이 서로 충돌할 경우 이해 당사자들의 기본권이 보장되는지, 윤리 원칙에 위배되지 않는지를 우선 평가해야 한다. 윤리적으로 수용하기 어려울 때에는 더이상 인공지능 응용 프로그램을 교육에 활용해서는 안 된다. 또한, 이해 충돌이 발생했을 때 어떻게 결정할지에 대한 절차가 사전에 마련되고, 의사 결정하는 과정과 결과를 문서화하여 추후에 그 결정이 적절했는지 지속적으로 검토하고 개선해야 한다.

3. 인공지능과 디지털 시민교육

코로나19 팬데믹 사태에도 불구하고, 많은 국가들은 초·중등교육을 지속하기 위해 인터넷과 디지털기기를 활용한 원격수업을 추진하였다. 우리나라도 2020년 3월에 사상 초유의 온라인 개학을 발표한 후 4월 9일부터 원격수업을 추진하였다. 인공지능을 비롯한 에듀테크는 사회적 거리두기 상황에서도 교사와 학생들이 인터넷을 통해 서로 소통하고 배울 수 있는 교육 기회를 제공하였다. 이렇게 전면적인 원격수업이 시행되면서 모든 교사와 학생들이 e학습터와 EBS 온라인클래스와 같은 교육 플랫폼을 사용하고, 실시간 쌍방향 수업에 참여하면서 스마트 기기를 자유자재로 사용할 수 있게 되었으며, 여러 가지 클라우드 서비스나 앱을 통해 수많은 자료와 정보가 저장되고 있다. 즉, 디지털 교육 혁명이 시작되었다.

디지털 교육 플랫폼에 저장된 데이터는 인공지능에 의해 분석되어 학생들의 학습을 지원할 수 있다. 재택근무와 사회적 거리두기가 일상화되면서 디지털 교육은 선택이 아닌 필수가 되었으며, 교사와 학생뿐만 아니라 학부모 역시 자연스럽게 디지털 세계로 진입하게 되었다. 아울러, 빠른 정보 획득과 전파가 가능한 디지털 세계에서 정치적 의사결정이나 가치관 공유 측면에서 시민 활동은 이전과 다른 모습을 보여 주고 있다. 더욱이 데이터 기반의 인공지능이 시민교육에 도입되면, 시민교육의 개념과 교육 내용, 교육 방법도 달라지고, 그에 대한 평가 기준도 달라질 것이다.

1) 디지털 시민교육의 변화

시민교육에서 중요한 요소로 다뤄졌던 합리성, 실천성, 도덕성은 여전히 디지털 시민교육에서도 중요한 요소로 다뤄지지만, 인공지능을 비롯한 에듀테크의 등장으로 기존과 차별화된 시민교육이 필요하다. 즉, 디지털 시민교육이 필요하다. 디지털 시민교육은 기존의 정보사회에서 강조되었던 덕성과 역량을 갖추도록 하되, 실제 행동할 수 있는 실천적 리터러시를 포함한다. 디지털 시민 역량은 '인공지능 기술의 개념과 원리를 이해하고, 이를 활용하여 일상생활 속 문제를 해결하기 위해 소통하고 협력할 수 있는 시민으로서 갖춰야 할 역량'으로 정의할 수 있다. 지능정보사회에 살아갈 디지털 시민으로서 갖추어야 할 세부 역량을 살펴보면 인공지능 리터러시, 인공지능 윤리의식, 인공지능 안전, 인공지능 참여 등 4가지로 구분할 수 있다.

첫째, 인공지능 리터러시는 인공지능 기술을 이용할 수 있고, 데이터를 비판적으로 선별하여 활용하고, 인공지능의 처리 결과를 비판적으로 분석하고, 그것을 자율적으로 활용할 수 있는 역량을 의미한다.

둘째, 인공지능 윤리의식은 인공지능을 활용하는 실세계와 가상세계에서 타인을 존중하고 배려하며, 긍정적인 관계를 구축하고 소통하는 역량을 의미한다. 자신의 정체성을 잃지 않고, 인공지능과 원활하게 협력할 수 있으며, 의사소통 과정에서 에티켓을 지키고, 사이버 폭력에 대응할 수 있는 역량을 의미한다.

셋째, 인공지능 안전은 인간의 존엄성을 지키고, 개인정보 침해나 유해 콘텐츠를 차단하고, 인공지능 윤리 준수하며, 인공지능으로 어떠한 해도 입지 않도록 자신의 안전을 지키는 활동을 의미한다.

넷째, 인공지능 참여는 인공지능 기술을 활용하여 다양한 사회 활동에 참여하여 개인과 사회 발전에 기여하는 역량을 의미한다. 인공지능의 기획, 설계, 구현, 적용 등 생애주기별 활동을 감시하고, 인공지능이 공정하고 투명하게 운영될 수 있도록 의견을 적극적으로 개진하는 활동을 포함한다.

전통적인 시민교육이 지식에서 덕목으로, 방법에서 역량을 발달하듯이 인공지능 시대의 디지털 시민교육도 단순한 지식 습득이나 기술에 의한 접근이 아니라, 그것을 인지하고, 이해하고, 행동하고, 실천하는 역량 중심의 접근이 필요하다. 디지털 시민교육이 전통적인 시민교육과 다른 것이 아니라, 인공지능과 조화롭게 살아가기 위해 합리성, 도덕성, 실천성이라는 기본 요소를 공유한다.

2) 디지털 시민교육의 방법

디지털 시민교육은 인공지능과 디지털 미디어를 활용하는 시민으로서 인식을 강조하며 관련된 기관과 교사들을 중심으로 한 연대를 통해 가정이나 학교, 단체 등에서 활용 가능한 프로그램을 제공하고, 사회 구성원으로서 개인의 인식 변화와 시민의 참여를 포함하고 있다. 해외 주요국들은 변화된 사회와 공동체에 맞는 새로운 디지털 리터러시와 인공지능 리터러시 기반의 시민교육으로 빠르게 움직이고 있다. 디지털 시민교육과 디지털 리터러시는 서로 보완적인 관계로 인식되고 있으며, 인공지능 기술 자체의 활용보다는 이를 활용한 소통과 인간성 발현에 초점을 두고 있다.

디지털 시민교육은 세계시민교육과 병행할 수 있다. 세계시민교육(GCED: Global Citizenship Education)은 교육이 어떻게 하면 더 정의롭고, 평화로우며, 관용적이고, 포용적이며, 안전하고, 지속가능한 세상을 만드는 데 필요한 학습자의 지식과 기술, 가치와 태도를 계발할 수 있는지를 요약한 패러다임이다. 우리가 속한 지역이나 국가뿐만 아니라 여러 세계적 문제들을 사회·정치·문화·경제 및 환경적 관점에서 이해하고, 그것을 해결하는 데 시민교육을 통해 추진하고 있다. 세계시민교육은 인권교육·평화교육·지속가능발전교육, 국제이해교육을 포함한 다양한 분야에서 사용된 이론과 방법을 활용하고 있다. 그리고 이들 분야에서 중복되거나, 더 정의롭고 평화로우며, 지속가능한 세상을 만들고자 하는 공통의 목표를 가진 의제들을 발굴하여 발전시켜 나가고 있다.

인공지능 시대에서 새로운 지식을 창출하려면 읽고, 쓰고, 셈하기와 같은 기본적인 학습 능력 이외에도 의사소통 능력, 협업 능력, 비판적 사고, 창의력과 같은 핵심 역량이 필요하다. 민주시민으로서 사회문제를 해결하기 위해 생각을 거리낌 없이 말할 수 있어야 한다. 또한, 그 문제를 친구들과 협의하여 좋은 대안을 만들려면 상대방 의견에 대한 문제를 제기하되, 대안을 먼저 생각하는 것이 중요하다. 이러한 비판적 사고는 디지털 시민교육에서도 매우 중요한 덕목이 된다.

2015 개정교육과정에서는 핵심 역량을 [그림 1]과 같이 자기 관리 역량, 지식 정보 처리 역량, 창의적 사고 역량, 심미적 감성 역량, 의사소통 역량, 공동체 역량 등으로 표현되고 있다. 창의융합형 인재를 키우기 위한 일환으로 디지털 시민교육이 필요하다. 디지털 시민교육은 다양한 의사소통을 통해 공동체 역량을 키우고, 디지털 리터러시를 기반으로 한 지식정보처리역량이 필요하다. 또한, 주변의 문제를 심미적 감성으로 바라보고, 그것을 창의적으로 해결하고, 스스로 실천할 수 있는 자기 관리 역량을 기를 수 있다.

[그림 5-1] 2015 개정교육과정의 핵심역량

카카오톡, 페이스북, 트위터, 인스타그램, 클럽하우스와 같은 소셜미디어는 정보를 공유하고, 자신의 의견을 제시하는 데 가장 많이 활용하는 플랫폼이다. 하나의 소셜미디어가 자료나 정보를 생산하고 공유하는 단계에서 벗어나 콘텐츠 중심으로 협력하고, 결과를 창출하고, 시간과 공간을 초월한 집단을 형성하여 디지털 시민 의식으로 발현되려면 학생들이 직접 참여하게 하고, 그에 따른 부작용을 적극적으로 예방하기 위한 교육이 필요하다. 특히 사회, 문화적으로 격차가 있는 농산어촌 지역의 경우 ZOOM과 같은 원격화상시스템 등을 활용하여 도·농간 교류 학습을 통해 다른 지역의 문제에 관심을 갖고, 그것을 해결하기 위해 함께 노력함으로써 공동체 의식을 함양할 수 있다.

인터넷이 발달하면서 단체를 중심으로 한 시민 의식은 크게 향상되었으나, 개인의 시민 의식은 여전히 부족한 실정이며, 인터넷을 통해 쉽게 전파되어 사회문제로 대두되곤 한다. 그렇지만, 정권 교체를 이뤄낸 촛불 혁명은 개인이나 단체 모두 성숙한 시민 의식을 보여 주었다. 서울시 자료에 따르면 촛불집회 당시 1인당 쓰레기 배출량은 집회 참가

자가 늘어날수록 오히려 줄어들었다. 이러한 시민 의식은 인터넷 기반의 소셜 네트워크를 활용하여 자발적으로 형성되었고, 적극적인 정치 참여로 나타나 신선한 충격을 주었다. 아울러, 최근 코로나 팬데믹 상황에서 시민들이 마스크 착용과 사회적 거리두기 준수로 다른 나라에 비해 방역이 잘되고 있는 점 또한 성숙한 시민 의식을 나타내고 있다.

코로나로 시작된 비대면 사회에서 우리는 많은 시간을 온라인에서 보내면서 인터넷을 통한 다양한 정보를 수집하고, 낯선 사람과 정보를 공유하면 살아가고 있다. 온라인 통신망에서 활동하는 정보들은 언제든지 저장되고 수집될 수 있으며, 이러한 정보를 인공지능을 통해 분석한다면, 시민들의 요구를 더 정확하고 빠르게 파악할 수 있다. 따라서 비대면 사회가 성숙해질수록 인공지능을 활용한 디지털 시민교육이 필요하다.

3) 디지털 시민교육의 평가

디지털 시민으로서의 역량을 평가하기 위한 기준으로 디지털 활용, 디지털 보안 및 탄력성, 디지털 참여, 디지털 정서 지능, 창의와 혁신 등 5가지로 구분할 수 있다. 첫째, 디지털 활용은 정보기기를 활용하여 디지털 정보를 찾고, 평가하며, 활용하는 역량을 의미한다. 둘째, 디지털 보안 및 탄력성은 자신과 타인의 권리를 보호하고, 건강 및 심리적 안정감을 향상시키는 방향으로 디지털 기술을 활용하는 역량을 의미한다. 셋째, 디지털 참여는 디지털 매체를 활용하여 개인과 사회의 목적을 위해 정보를 공유하고, 상호작용을 하고, 사회적 활동에 참여하는 역량을 의미한다. 넷째, 디지털 정서 지능은 디지털 기술을 활용할 때 자신의 감정을 조절하고, 타인의 감정을 이해하며 사회관계를 긍정적으로 형성하는 역량을 의미한다. 다섯째, 창의와 혁신은 자신의 목표에 적합한 디지털 기술과 정보를 활용하여 창의적으로 표현하고, 문제를 해결하는 역량을 의미한다.

디지털 시민교육의 역량은 지적 능력이나 일시적인 실천력이 아니므로, 오랜 기간 학생들을 관찰하면서 생활 습관으로 정착되었는지를 평가하는 것이 필요하다. 따라서 디지털 시민 역량 평가를 위해 인공지능을 활용하는 것은 매우 의미 있는 결과를 나타낼 것이다. 교사들이 지루하면서도 중요하게 생각하는 업무 중 하나는 학생을 평가하는 업무이다. 인공지능은 주관적인 개입 없이 기록된 데이터를 근거로 수시로 평가하고, 객관적이면서 장기적으로 평가할 수 있다. 디지털 시민교육을 처음 계획하던 시기부터 시작하여 학생들의 학습 과정을 관찰하고 참여도와 학습 성과를 기록한 후, 그것을 종합하여 객관적으로 평가할 수 있다.

그러나 시민교육 역량과 같이 학생들의 성장과 발달을 평가해야 하는 일은 겉으로 드러난 양적 데이터만으로 평가하기 어렵다. 따라서 학생의 잠재력과 내면적 변화를 평가하려면 교사의 주관적 판단도 필요하다. 또한, 평가 결과를 활용하여 디지털 시민교육의 문제점을 개선하거나 시민교육의 내용과 방법에 대한 적절성 확보와 개선에 활용할 수 있기 때문에 적절한 교사 개입과 피드백이 필요하다. 지능정보사회에서 인간이 인공지능과 조화롭게 살아가듯이 디지털 시민교육과정과 역량 평가에서도 교사와 인공지능의 조화로운 협력이 필요하다.

참고 문헌

4차산업혁명위원회(2018). I-Korea 4.0 실현을 위한 인공지능(인공지능) R&D 전략. 과학기술정보통신부.

교육부(2015). 초중등학교 교육과정 총론.

김명주(2017). 인공지능 윤리의 필요성과 국내외 동향. 한국통신학회지 34(10). 45-54.

김양은(2010). 정보 리터러시와 정보 윤리. 한국정보화진흥원 편. 정보윤리의 이해와 실천. 한국정보화진흥원.

뉴스투게더(2018). 오바마는 원숭이 종알대다 퇴출당한 챗봇. http://newstogether.co.kr/newsview2_be.asp?idx=33260.

박두순·문양세·박영호·윤찬현·정영식·장형석(2014). 빅데이터 컴퓨팅 기술. IT Cook Book 164. 한빛아카데미.

박선아(2018). 4차 산업혁명시대 '디지털시민성(Digital Citizenship)' 논의 및 과제. EduNext 10. 지금 왜 디지털시민성인가? 한국교육학술정보원.

오민석(2019). 인공지능시대 교육의 방향. 평생학습타임즈.

유네스코 아시아태평양 국제이해교육원(2014). 글로벌시민교육: 21세기 새로운 인재 기르기.

이미영·김양은·송여주·양철진·임재일(2020). 미디어 리터러시 공규을 통한 디지털 시민교육 강화 방안. 정책연구 2020-10. 경기도교육연구원.

이주호·정제영·정영식(2021). AI 교육 혁명. 시온북스.

이준호·박지웅(2019). 5G와 인공지능이 만들 새로운 세상. 갈라북스.

임상수(2009). 사이버 공간의 의사소통 구조와 사이버 시민성 교육 — 촛불 시위의 사례를 중심으로. 윤리연구 제73호.

임상수(2018). 디지털시민역량을 위한 학교교육, 어떻게 할 것인가?. EduNext 10.

지금 왜 디지털시민성인가? 한국교육학술정보원.

정영식(2017). 4차 산업혁명시대의 SW교육 방안. NIA 지능화 연구시리즈 2017. 한국정보화진흥원.

정영식(2018). 하이터치 교육을 기반으로 한 하이테크 교육을 실시하자. 지금 왜 디지털시민성인가? 한국교육학술정보원.

한국일보(2015). 흑인을 고릴라로. 구글 얼굴 인식 오류. https://www.hankookilbo.com/News/Read/201507021734397229.

한유경(2018). 청소년 디지털시민성 측정도구 개발 사례(유네스코 아테프로젝트). EduNext 10. 지금 왜 디지털시민성인가? 한국교육학술정보원.

AI HLEG (2019). *Ethics Guidelines for Trustworthy* 인공지능. High-Level Expert Group on Artificial Intelligence.

Blakeley H. Payne (2019). *An Ethics of Artificial Intelligence Curriculum for Middle School Students*. MIT Media Lab Personal Robots Group by Cynthia Breazeal.

C. Li and F. Lalani (2020). The COVID-19 pandemic has changed education forever. This is how. World Economic Forum. Retrieved from https://www.weforum.org/agenda/2020/04/coronavirus-education-global-covid19-online-digital-learning.

McKinsey (2017). *Global Teacher and Student Survey, Average of Canada, Singapore, United Kingdom, and United States.*

Microsoft (2019). 인공지능을 위한 준비: 인공지능이 아시아의 일자리와 역량에 갖는 의미. 알파베타.

OECD Data (2020). Unemployment rates by education level. Retrieved from https://data.oecd.org/unemp/unemployment-rates-by-education-level.htm#indicator-chart.

Pedró F., Subosa M., Rivas A. & Valverde P. (2019). Artificial intelligence in education: challenges and opportunities for sustainable development. UNESCO.

Rachelle Dene Poth (2019). Teaching Students about AI. Retrieved from https://www.gettingsmart.com/2019/01/teaching-students-about-AI.

TechM (2017). 트레이더 대량 해고한 골드만삭스의 자동화. 2017년 7월 기사. http://

주제 중심의 시민교육 방법 탐색

techm.kr/bbs/board.php?bo_table=article&wr_id=4048.

UNESCO (2018). *ICT Competency Framework for Teachers*.

World Economic Forum(2018). *The Futre of Jobs Report 2018*. Insight Report. Centre for the New Economy and Society.

6장

교육 봉사 활동을 통한
세계시민의 인성 계발

김성한

전주교대 윤리교육과

코로나 사태 때문에 다소 주춤하지만 근년 들어 국내에서는 해외 원조에 관심을 갖는 사람들이 계속 늘어나고 있는 추세다. 이는 매우 반가운 일이다. 왜냐하면 이는 많은 사람들이 우려하는 것과는 달리, 우리나라 사람들이 자신만의 영달을 추구하지 않고, 어려움 속에서 살아가고 있는 사람들과 함께 살아가는 꿈을 꾸기도 한다는 사실을 보여 주는 듯하기 때문이다. 그런데 민간 차원의 해외 원조에 대한 관심이 증대된 만큼 그에 걸 맞는 원조 방법이 마련되고 있는지에 대해서는 의문의 여지가 적지 않다. 이러한 관심과 실천이 명실상부한 원조로 자리매김할 수 있는지에 대해서는 고려해 볼 여지가 있는 것이다. 실제로 사람들에게 알려져 있는 민간 차원에서의 해외 원조 방법이라고는 기부와 장단기 해외 봉사 정도가 전부라고 해도 과언이 아니다. 어찌 보면 이는 불가피한 일이기도 하다. 국내에서의 봉사활동 프로그램의 부재마저도 문제로 지적되고 있는 상황에서(정규석, 2002: 78), 현지에 대한 지식과 경험을 얻기가 훨씬 어려운 해외 원조 프로그램을, 그것도 의미와 효과 등까지 담고 있는 프로그램을 개발해 내기란 여간 어려운 일이 아닐 것이다. 그런데 만약 이것이 현실이라면 결국 민간 차원에서 이루어질 수 있는 해외 원조는 지금의 수준에서 더 이상 앞으로 나아갈 수 없는 것이 아닐까?

이 글에서 필자는 교육에 종사하는 사람들, 특히 예비 교사나 현장 교사들이 선택할 수 있는, 직접 해외로 나가지 않는다고 할지라도 충분히 의미가 있는 해외 원조 방법으로 교육 콘텐츠 개발·보급 활동을 제안해 보고자 한다. 물론 이는 해외 원조에 관심이 있는 모든 사람들이 참여할 수 있는 활동은 아닐 것이며, 구체적으로 현장 교사, 교대나 사범대 학생들, 그리고 가르치는 일과 관계되는 사람들에게 가능한 활동이라는 어느 정도의 제약이 있다. 그럼에도 교육 콘텐츠가 적절히 제작되어 빈곤 국가에 보내질 경우, 교사의 수업이 제대로 들리거나 보이지도 않는 열악한 교육 환경 속에서 형식적으로 수업을 들을 수밖에 없는 학생들, 사정상 아예 학교를 가지 못하는 학생들, 그리고 교사가 부족하여 수업이 제대로 이루어지지 않는 지역의 학교 등에 두루 도움이 될 수 있을 것이다. 이 글에서 필자는 교육 콘텐츠 제작 사업이 필요한 배경, 이것이 무엇이며, 어떤 장점을 가질 수 있는지를 제시하고, 이를 제작하고 검증하는 방법과 활동에 제기될 수 있는 의문 등을 정리해 보고자 한다.

1. 교육 콘텐츠 개발·보급 사업의 배경

1) 빈곤 국가들의 열악한 교육 환경: 우간다 사례

오늘날 많은 빈곤 국가들은 악순환을 벗어나지 못하면서 국민들의 상당수가 살아가기 어려운 형편 속에서 살아가고 있다. 이를 해결하기 위한 분석과 연구는 물론, 원조비가 천문학적으로 투여되고 있음에도 이러한 국가들에서 근본적인 전환은 좀처럼 일어나지 않고 있다. 예컨대 세계은행의 절대 빈곤 기준은 매일 1.25달러인데, 그 이하의 수입밖에 없는 사람의 수는 무려 14억 명이나 된다(싱어, 2014: 25). 빈곤 국가로 분류되는 나라들은 정치, 경제, 사회, 문화, 교육 분야 등 사실상 모든 분야에서 여러 문제들이 얽히고설켜 발전이 발목을 잡히고 있다. 이 중에서 교육 분야에 국한해서 문제점을 언급하자면 이들 국가의 대부분은 빈곤과 구습(舊習)으로 인해 국민들의 교육 참여율이 저조하고, 교사의 역량 부족, 열악한 교육 시설, 부족한 사회 인프라, 낮은 상급학교 진학률 등이 국가 발전의 근간이 되는 교육의 발전을 저해하고 있다(전영은, 2019: 20-23).

그 구체적인 사례로 우간다의 교육 상황을 들어 보자. 2016년 유니세프 통계에 따르면 아프리카의 저개발국가로 분류되는 가난한 국가인 우간다는 높은 교육열에도 불구하고 아동의 70%가 초등학교 이후의 교육을 받지 못하고 있으며, 초등학교의 경우마저도 입학 당시에는 80%였던 재학률이 졸업할 때에는 25%로 급락하고 있는 실정이다. 우간다는 여러 교육정책을 통해 모든 아동에게 초등교육을 제공하고자 노력 중이지만 재정적 부담, 교사 인력난, 적절한 교육 시설의 부재 등으로 난항을 겪고 있다. 전영은(2019: 11)은 현재 우간다는 학생 수 대비 부족한 교실, 교사 부족, 교사 부재, 교과서 부족, 아동 기아 상태, 화장실 부족, 식수위생시설 부족, 원거리 학교 등 기본적인 교육 환경이 제공되고 있지 않다고 말한다.

비교적 최근에 우간다는 모든 국민들에게 교육을 받을 기회를 제공하는 것을 최우선적인 과제로 내세웠다. 이러한 지침에 따라 우간다는 1997년부터 초등학교 7학년, 중등과정 3년, 총 10년 동안 무상 교육을 제공하고 있다. 하지만 이로 인한 입학률 증가가 오히려 학교 시설 및 교육의 질적 저하를 초래했고, 이와 같은 정책만으로는 진정한 의미의 교육이 이루어지지 않는다는 사실을 깨닫고 변혁을 시도하고자 하고 있다. 하지만 문제의 본질이 재정 문제라 난관에 봉착하고 있다. 전영은(2019: 11)에 따르면 "교육 분야 공여기관들은 우간다 정부가 우선순위를 교육 분야에 두고 충분한 예산을 배정해야 한다고 강조하고 있으나, 우간다 교육부는 수년간 기획재정부에 추가 예산 배정을 요청해 왔음에도 현재까지 실현되지 않고 있다."

우간다에서 초등교사는 국가에서 직접 관리하고 운영하는 PTC (Primary Teachers Colleges)에서 주로 양성되고 있는데, 국가 재정의 어려움을 감안해 볼 때 교사들에 대한 좋은 대우를 보장하기가 매우 어렵다. 때문에 우간다에서는 초등교사가 다른 할 일이 없을 때, 마지막으로 불가피하게 선택하는 직업이라는 의식이 팽배해 있으며(전영은,

주제 중심의 시민교육 방법 탐색

2019: 20), 정부의 입장에서는 양질의 교육이 이루어지지 않을 경우 초래될 수 있는 결과를 잘 알고 있기에 문제 해결에 골머리를 앓고 있다.

　그나마 수도권은 교육 환경이 나은 편이고, 수도권 외 지역 교육의 실태는 열악하다는 표현으로는 모자랄 지경인데, 이러한 지역의 학교는 유명무실하게 수업이 진행되는 경우가 대부분이다. 예컨대 전기가 들어오지 않으니 컴퓨터 활용 등은 엄두도 내지 못하며, 콩나물 교실에서 책걸상도 채 갖추어지지 않은 상황에서 수업이 운영되고 있다. 뿐만 아니라 도심 지역 주요 학교들을 제외한 시골 지역의 학교에서는 학생들이 교과서를 구입하지 못해 교과서 없이 수업이 진행되고 있으며, 학생들 중에서 교과서는 말할 것도 없고, 제대로 된 연필이나 지우개마저도 없는 경우도 적지 않다. 심지어 교사들마저도 교과서를 가지고 있지 못한 채, 자신의 강의록만으로 수업을 하는 경우도 많다. 이처럼 극도로 열악한 수도권 외 지역의 교육 상황은 우간다 내에서의 교육 불평등 심화를 초래하고 있으며, 이로 인해 빈익빈 부익부 현상 등 사회 구성원 간의 서열화가 날로 심해지고 있다. 현 상황을 어느 정도 반전시키기 위해서는 특히 교육 소외 지역의 학생들에게 양질의 교육이 제공되어야 하는데, 현재로서는 전혀 해결의 기미가 보이지 않고 있다.

　이상에서 지적한 교육 문제들은 단지 우간다뿐만 아니라 빈곤 국가들 상당수가 거의 공통적으로 겪고 있는 문제일 것이다. 정리하자면 빈곤 국가는 교육 콘텐츠가 양적, 질적으로 부족하고, 교육 시설과 교사를 포함한 교육 인프라가 부족하며, 때문에 교육 아닌 교육이 이루어지고 있다. 이로 인해 빈곤 국가의 학생들은 전문화된 교육을 받을 기초적인 능력을 습득하지 못하게 되고, 실제로 전문직에 종사할 조건을 갖추지 못하고 있는 형편이다. 이는 해외 원조 중 교육 분야에 관심을 갖는 사람들이 염두에 두어야 할 부분일 것이다.

2) 해외 교육 봉사의 한계

국가나 기업 수준에서 이루어지는 해외 원조 중 교육 분야에서 관심을 기울일 수 있는 부분은 학교 지어주기, ICT 교육, 교수법 전수 등이 있으며, 관련 분야의 전문가들이 다방면으로 관심을 기울이고 있다. 하지만 거의 대부분의 사업들이 불가피하게 적지 않은 비용이 든다는 점을 감안한다면, 민간 차원에서 빈곤 국가의 교육 문제에 도움을 줄 수 있는 프로그램은 드문 편이다.[1] 이와 관련한 활동으로 떠오르는 것은 해외 교육 봉사 정도다. 이와 같은 활동은 세계시민 의식을 함양하여 글로벌 감각과 봉사정신을 갖춘 시민으로의 성장을 도모하고, 제3세계가 안고 있는 여러 문제들에 대한 관심을 갖는 계기를 마련하는 것에 초점을 맞추며, 함께하는 삶을 생각해 보고, 이를 위해 무엇을 할 수 있는지에 대한 고민을 촉발하는 목적을 갖는다는 측면에서, 그리고 실제로 이러한 목적을 어느 정도 달성한다는 측면에서 긍정적으로 평가를 할 수 있다. 그럼에도 이미지(2013: 24)가 밝히고 있는 바와 같이 말 그대로의 교육 전문가가 관련 활동에 참여하는 경우는 얼마 되지 않는다. 흥미

---

[1] 이 글은 대체로 해외 원조 중 국가보다는 민간, 좀 더 구체적으로 개인이 할 수 있는 일에 초점을 맞추고 있다.

롭게도 교육 분야 전문가로 참여하는 사람들 중 가장 많은 비중을 차지하는 것은 교육 전공자가 아닌 학교 건립에 관여하는 건축사다.

우리나라 해외봉사단에는 2년간 파견이 이루어지고 있는 KOICA 봉사단과 1년간 파견하는 드림봉사단, 그리고 6개월에서 1년간 파견하는 월드프렌즈 자문단 등 비교적 장기에 걸쳐 파견되는 해외봉사단이 있다(차영광, 2017: 61). 하지만 이러한 봉사단을 제외하면, 국내의 일반인과 대상 국가의 상황을 고려해 보았을 때, 해외 봉사 활동은 방학 기간 중에 이루어질 수밖에 없고, 길어봤자 한 달 이상의 활동이 이루어지기가 힘들다. 이러한 활동은 교육 봉사가 대부분인데, 해당 국가나 지역의 교과과정보다는 비교과 과정에 초점을 맞추기 십상이다. 또한 비교적 장기적으로 진행되는 해외 봉사 사전교육 기간이 봉사자에게 다소 부담이 되며, 이에 들어가는 경제적 비용이 없는 것도 아니다.

김형도(2010: 55)가 분석한 단체들의 해외 봉사 사전교육 기간을 살펴보면 총 45개 단체 중에서 3개월 이상~6개월 미만, 7일 이상~1개월 미만, 1개월 이상에서 3개월 미만의 교육을 실시하는 기관이 각각 12개 기관(26.7%), 7일 미만의 기관이 9개 기관(20.0%)으로 나타났고, 참가비에 포함되어 있긴 하지만 그럼에도 사전교육을 실시하는데 30만원 미만의 비용이 들어간 단체들이 30개 기관(66.7%)이었는데, 이는 봉사자들이 사전교육을 받는 데에도 어느 정도의 시간적, 물적 부담을 져야 함을 의미한다.

이것이 불가피한 해외 봉사의 특징이라면 아무리 의미 있는 활동에 시간과 비용을 들이는 것이라 해도 봉사자들이 본격적인 활동을 제외한 활동에 다소의 부담을 가져야 하고, 이러한 활동은 해당 국가 학생들의 입장(우리나라 봉사자가 아닌)에서 보았을 때에도 자칫 다른 나라 사람들과의 색다른 체험을 하는 정도에 머물 가능성이 있다. 실제로 국내 교대생들의 교육 봉사 시간을 30시간 이상으로 규정한 이유를 생각해 보았을 때, 단기적으로 이루어지는 해외 봉사가 명실상부함을 갖추기는 매우 어렵다고 보는 편이 옳다. 정리하자면 많은 경우 해외 봉사는 ①정규 학기가 아닌 시기에, 대체로 봉사자들이 준비한 비교과 과정에 초점을 맞춘 교육 활동이며, ②단기적으로 이루어지는 활동인데, 이와 같은 특징으로 미루어 보았을 때 활동이 갖는 한계는 어느 정도 불가피하다. 물론 대한민국 봉사자들에 미치는 교육적인 영향을 감안하자면 이러한 활동이 어느 정도 의미를 갖는다고 볼 수 있지만 해당 국가의 학생들의 교육에 초점을 맞춘다면, 그리고 '사회생활에 필요한 지식이나 기술 및 바람직한 인성과 체력을 갖도록 가르치는 조직적이고 체계적인 활동'이라는 교육의 사전적 의미를 염두에 둔다면 해외 교육 봉사의 의미는 어느 정도 축소될 수밖에 없다.

2. 교육 콘텐츠 개발·보급 사업의 정의와 장점

1) 교육 콘텐츠 개발·보급 사업이란?

그럼에도 이상에서와 같은 지적은 자칫 공허한 데에 머물 수 있다. 다시 말해 막상 대안도 없으면서 문제를 지적하고만 있을 수가 있는 것이다. 실제로 이런저런 상황을 고려해 보면 국가 차원이 아닌, 민간 차원에서의 교육 봉사는 특별한 대안이 있을 것 같지 않다. 그런데 과연 그럴까?

필자는 빈곤국가의 교육 콘텐츠 개발 활동이 그 대안이 될 수 있다고 생각한다. 교육 콘텐츠 개발 활동이란 말 그대로 제3세계 교육의 양적, 질적 부족을 보완하기 위해 기획된 활동으로, 구체적으로 제3세계 국가의 교과서를 국내로 가져와서 이를 현장교사, 예비교사 또는 강의를 할 수 있는 사람 등이 분석하고, 이를 바탕으로 교안, 영어 스크립트, PPT, 그리고 동영상을 제작하여 해당 국가로 보내 필요로 하는 곳에 보급하는 사업을 말한다. 이와 같은 활동을 통해 개발된 양질의 교육 콘텐츠는 위에서 언급했던 해외 교육 봉사의 한계를 어느 정도 극복할 수 있다. 이는 해당 국가의 교과서를 이용해서 제작된 콘텐츠이기 때문에 비교과 과정이 아니고, 이에 따라 직접적으로 수업 시간이나 보강 수업을 할 때 활용될 수 있으며, 궁극적으로 해당 국가의 학생들이 그 사회에서 잘 살아가는 데에 도움이 될 수 있을 것이다. 이는 단순히 학교 수, 교실 수, 교사 수 등을 늘리고 학생 수를 늘리는 것이 아니라 교사와 수업의 변화를 통해 진정한 의미에서의 양질의 교육을 제공하고자 하는 목적을 갖는다. 간단히 말해 현지에서 제공할 수 없는 영상 교육 콘텐츠를 통해 그 나라 학생들의 학업능력 신장을 도모할 수 있는 것이다. 만약 "아프리카의 빈곤과 기아, 질병 등 생존과 직접적인 관련이 있는 요인들이 해결되지 못하고 악순환하는, 그리고 많은 지원과 원조에도 개선되지 못하는 주요 원인으로 제대로 된 교육 보급의 부족이 손꼽힐 수 있다"(서은영, 2019: iv)는 말이 적절하다면 교육 콘텐츠 개발과 보급은 제3세계 사람들이 심지어 이를 절실히 요구하는지와 무관하게 필요하다고 생각해 볼 수 있다.

2) 사업의 장점

이와 같은 사업은 다음과 같은 장점을 가질 수 있는 것으로 판단된다.

가. 제3세계 교육 콘텐츠의 양적, 질적 부족 보완

지역이나 국가마다 편차가 있겠지만 필자가 방문했던 우간다 북부에서 활동하고 있는 한 선교사에 따르면 많은 경우 초등학교의 수업은 우둘투둘해서 백묵으로 써도 잘 보이지 않는 칠판에 교사 자신이 가지고 있는 강의록을 빼곡하게 적어주고, 이를 한 번 읽어주거나 읽게 하는 정도에 머물며, 70~80명 정도가 되는 매우 많은 수의 학생들이 이러한 수업을 듣는다. 그런데 이와 같은 방식으로 수업이 진행될 경우, 그 효과에 대해서는 굳이 말할 필요가 없을 것이다. 효과적으로 수업 내용이 전달되지 못할 경우, 학교는 학생들이 그저 앉아서 시간을 보내는 장소로 전락하게 된다. 학교 자체의 부족도 문제이지만, 그 이상으로 학생들이 교과 과정을 충분하게 이해할 수 있도록 실질적인 교육이 이루어지지 못하는 것도 문제가 되는 것이다.

그런데 이와 같은 국가에 해당 국가의 교과에 대한 이해를 도모하는 동영상 교육 자료를 제작·보급할 경우, 그 나라의 교육은 적어도 수업 내용의 효과적인 전달이라는 측면에서 만큼은 상당한 발전을 이룰 수 있게 될 것이다. 백번 양보하여 설령 동영상이 적극적으로 활용되지 않는다고 해도, 교육 콘텐츠 제작·보급은 해당 국가 교사들의 교수법에 대한 관심을 어느 정도 촉발할 수 있을 것이며, 교안 작성 요령 등에 대해서도 도움이 될 수 있을 것이다.

나. 소외 지역 아동들이 받는 교육 혜택

교육 콘텐츠가 제작되어 적절히 보급될 경우, 이는 교육 소외 지역의 아동들에게 도움이 될 수 있을 것이다. 제작된 교육 콘텐츠가 인터넷이나 컴퓨터를 사용할 수 있는 학교에만 보급될 필요는 없으며, 그래서도 안 된다. 이는 예컨대 교회와 같은 곳에서 학교에 아예 가지 못하는 학생들을 대상으로 활용될 수 있으며, 학교에서 충분히 익히지 못한 교과 내용들에 대한 이해를 돕기 위해 방과 후 학교에서 활용될 수도 있을 것이다. 이렇게 본다면 교육 콘텐츠 보급은 빈부의 격차로 인해 생기게 되는 교육에서의 불평등을 어느 정도 해소하는 데에도 도움이 될 수 있다.

실제로 교육 콘텐츠 개발과 보급은 도시의 최고 수준의 학교와 같은 곳에서는 활용되지 않을 가능성이 높다. 그와 같은 학교는 굳이 교육 콘텐츠를 활용하지 않으면서도 그 나라에서 가장 유능한 교사가 수준 높은 교육을 제공할 것이기 때문이다. 하지만 교육 소외 지역은 상황이 다르다. 반복되는 이야기지만 이러한 지역은 사실상 교육이라 할 수 없는 수준의 교육이 이루어지는 경우가 많으며, 이와 같은 지역을 대상으로 한 교육 콘텐츠 보급은 완전하지는 않더라도, 교육 소외 지역의 학생들이 현재보다는 나은 교육을 받게 할 수 있다. 이렇게 될 경우, 교육 콘텐츠 제작·보급은 대한민국을 넘어서 보편 교육의 이념과 교육 정의를 실현하는 격이라 할 수 있을 것이다.

다. 봉사자에게 주어지는 장점

교육 콘텐츠 제작 보급 사업이 갖는 또 다른 장점은 관여하는 봉사자들이 직접 제3세계를 방문해서 콘텐츠를 제작하는 것이 아니기 때문에 별다른 위험에 노출되지 않는다는 것이다. 게다가 많은 경우 해외 봉사를 가는 학생들에게는 어느 정도의 자부담 비용이 발생함에 반해, 교육 콘텐츠 제작의 경우는 오히려 장학금을 받으면서 봉사활동을 할 수 있으며, 반드시 정해진 시간에 활동을 해야 하는 것이 아니고, 일정한 기간 내에서, 자신이 낼 수 있는 시간에 제작을 할 수 있기 때문에 활동의 불편도 최소화할 수 있다.

이와는 별개로 만약 교대에서 이러한 사업을 추진할 경우, 학교의 예비교사들은 이와 같은 활동을 해 봄으로써 자신들이 교사가 되었을 때 반드시 해야 하는 일들인 교안 작성, PPT 제작, 수업 시연 등을 해 볼 수 있는 기회를 마련할 수 있게 된다. 이렇게 본다면 이러한 활동은 봉사자와 봉사 수혜자 모두에게 긍정적인 영향력을 발휘할 가능성이 높다고 할 것이다. 그럼에도 봉사자들에게 직접 해당 국가나 지역을 방문하는 이상의 긍정적인 효과가 있는지는 분명치 않은데, 만약 교육 콘텐츠 제작 자체만으로는 봉사자들에게 별다른 긍정적인 효과가 나타나지 않는다면 이를 보완하는 방법을 생각해 보아야 할 것이다. 이는 아래에서 재차 언급하도록 하겠다.

라. 저비용 고효율

마지막으로 이와 같은 활동은 비용이 적게 들면서 그 효익이 적지 않다는 장점이 있다. 필자가 소속되어 있는 학교에서 학생들이 한 차시의 교육 콘텐츠를 제작하는 데 든 비용은 인건비 포함 대략 20만 원 정도였다. 그리고 한 단원 당 3차시 정도의 교육 콘텐츠를 제작하는 것을 기준으로 할 경우, 그리고 특정 학년 한 과목이 20단원으로 이루어져 있을 경우 60개의 교육 콘텐츠가 제작되게 되고, 그 비용은 1,200만 원이다. 정리하자면 특정 학년, 특정 과목의 교육 콘텐츠를 모두 제작하는 데에 1,200만 원 정도가 든다는 것이다. 이렇게 가령 수학, 과학, 영어 교육 콘텐츠를 만들게 된다면 한 학년 당 3,600만 원의 비용이 들게 되고, 6학년까지의 3과목 교육 콘텐츠를 모두 제작한다고 해도 2억 1600만 원의 비용이 들게 된다. 어떤 지역을 방문하느냐에 따라 다소 편차가 있겠지만 이 정도의 비용은 20명의 학생들이 한 달 동안 해외 봉사활동을 갔다 오는 비용의 대략 2배 정도에 불과하다. 달리 말해 20명의 학생들이 두 번, 한 달 동안 해외 봉사를 갔다 오는 비용이면 이론상 특정 국가의 모든 초등학교 학생들에게 이러한 콘텐츠를 보급할 수 있게 되는 것이다.[2)]

일단 한번 교육 콘텐츠가 제작될 경우 이는 반복해서 수년 동안, 그것도 여러 곳에서 동시적으로 사용할 수 있다. 물론 직접 가르치는 것과

영상을 통해 가르치는 것은 효율이라는 측면에서 어느 정도 차이가 있을 수 있다. 하지만 이와 같은 차이를 인정한다고 해도, 직접 해외 교육 봉사를 가는 경우와 교육 콘텐츠 제작 보급 사이의 효익의 크고 작음을 따져 볼 때, 어느 쪽이 더 효익이 큰지에 대해서는 굳이 언급할 필요가 없을 것이다.

이러한 사업은 컴퓨터 보급과는 비교가 되지 않을 정도로 낮은 수준의 투자를 통해 높은 효익을 산출해 낼 수 있다. 가격을 감안해 보았을 때, 단 하나의 학교에 컴퓨터를 보급한다고 해도 상당한 비용이 들어간다. 그리고 이와 같은 보급은 그나마 전기가 들어오는, 그리고 인터넷 등을 활용할 수 있는 지역이나 가능하지 이러한 인프라가 갖추어지지 않은 곳은 컴퓨터를 보급해도 별다른 활용 방법이 없다. 이에 반해 교육 콘텐츠는 컴퓨터 보급처럼 고비용이 아니면서도 일단 제작만 한다면 비교할 수 없을 정도로 많은 학교, 많은 지역에 보급할 수 있으며, 설령 콘텐츠가 분실되어도 별다른 문제가 없다. 얼마든지 플랫폼 등에 보관되어 있는 콘텐츠를 다시 사용할 수 있기 때문이다. 이렇게 보자면 교육 콘텐츠 제작과 보급은 말 그대로 저비용 고효익인 사업인 것이다.

---

2) 물론 이는 제작에만 드는 비용이고, 이를 활용할 수 있는 기본적인 장비와 보급에 드는 인건비 등을 포함하면 비용이 추가적으로 발생할 것이다. 하지만 뒤에서 재차 언급하겠지만 그 비용은 컴퓨터 1~2대 정도를 구입하는 정도에 불과하고, 보급의 경우는 이를 소임이라 생각하는 현지 선교사를 통해, 그리고 각 지역 교육청 등을 통해 관심이 있는 학교를 모집하면 비용이 거의 들지 않을 것이라 생각한다. 적어도 지금까지 일의 진행 추이로 미루어 봤을 때는 그러하다.

주제 중심의 시민교육 방법 탐색

3. 교육 콘텐츠 개발 사업의 실제: 우간다 교육 콘텐츠 제작·보급 프로그램

1) 교육 콘텐츠 제작·보급 프로그램의 주요 추진 내용 및 방법

이상에서와 같은 장점을 의식하면서, 전주교대는 2019년 2학기에 대학혁신사업의 일환으로 우간다 교육 콘텐츠 보급 사업에 착수했다. 장혜승(2011: 35)이 제안하고 있듯이 "우간다의 교육발전을 위해 우리나라 교육에서 비교우위인 분야 즉 공급 가능한 분야와 프로그램이 무엇인지를 고려해 교육개발협력 과제를 도출해야 함"을 감안해 보았을 때 교육 콘텐츠 제작·보급 사업은 적절한 선택이었다. 적어도 이러한 콘텐츠를 제작하는 데에 필요한 기술 등에서 우리나라가 비교 우위에 있는 것은 분명하기 때문이다. 여러 국가 중에서 우간다의 교육 콘텐츠를 개발하려 한 이유는 본교가 2017년 국제교육교류원의 지원을 받아 우간다 북부 지역의 굴루(Gulu)로 20명의 학생들이 교육 봉사활동을 다녀왔고, 이를 계기로 봉사단원들이 현지에서 알게 된 선교사에게 그곳 아동들을 위한 장학금을 계속 보내고 있기 때문이다. 뿐만 아니라 우간다는 공용어가 영어인데, 이러한 사실은 본교가 교육 콘텐츠를 보급할 첫 번째 국가로 우간다를 선택한 요인으로 작용했다.

우간다를 콘텐츠 보급 국가로 선택한 후 필자는 곧바로 우간다에서 교과서를 입수했다. 교과서가 있어야만 이를 분석하여 교육 콘텐츠를 제작할 수 있기 때문이다. 교육 콘텐츠에는 교안과 PPT, 영어 스크립트, 그리고 이를 바탕으로 한 동영상을 포함시키기로 했고, 영어가 가능한 봉사자는 영어로 수업을 하는 영상을, 그것이 가능하지 않은 봉사자는 일단 우리말로 영상을 제작하기로 했다. 그리고 영상에는 자막을 포함시키기로 했는데, 그 이유는 아무리 영어를 잘 구사한다고 해도, 우간다인들은 우간다화 된 영어를 듣고 이해하는 데에 익숙하고, 이에 따라 한국인이 구사하는 영어를 잘 이해하지 못할 수 있기 때문이다.

콘텐츠로 제작할 과목은 과학, 수학, 그리고 영어를 선택했다. 사회의 경우는 그 나라의 문화에 대한 선이해가 요구될 수 있기 때문에 교과서 분석이 제대로 이루어지지 못할 우려가 있고, 음악, 체육, 미술 등의 과목은 강의 이상으로 실습이 중요한데, 이를 영상화하는 것의 실효성이 확실치 않기 때문이다. 이와 같은 대략적인 지침을 세워놓고 본교는 활동 참여자를 학교 게시판 등을 이용한 공고를 통해 선발했다. 교육 콘텐츠 보급 프로그램의 주요 추진 내용 및 방법은 다음과 같았다.

① 재학생 중 활동에 참여하고자 하는 학생들이 자신들이 낼 수 있는 시간을 활용하여 3인 1팀으로 활동

② 2019년 11월 1일(금)부터 2020년 1월 31일(금)까지 자율적으로 활동

③ 우간다에서 보내온 초등학교 교과서(영어, 수학, 과학)를 분석하고, 이를 바탕으로 강의안, 강의 PPT, 동영상 등을 제작

④ 팀별로 중복되지 않도록 1개 교과의 1단원 2~3차시를 정하여 콘텐츠를 제작

⑤ 현직교사의 지원 및 자문을 통해 진행

⑥ 영어 강의는 더빙 등의 기술을 활용

⑦ 활동기록카드(중간점검)와 교육 콘텐츠 결과물 제출자에 한하여 근로 장학금 지급

근로 장학금은 한국장학재단 교내 근로 장학금 기준으로 1시간 8,350원으로 정했고, 활동 기간에 한하여 1인 최대 20시간까지 인정해 주었으며, 중간점검 시 제출한 활동기록카드에 기재된 시간에 근거하여 장학금 총액을 산정하고, 활동기록카드와 함께 팀별로 개발한 교육 콘텐츠를 반드시 학교에 제출하도록 정했다. 이러한 장학금은 활동기간 종료 후 합산하여 20년 2월 중에 지급하도록 했다.

2) 제작과 검증 과정

학교 공지를 통해 선발된 학생들은 모두 15팀 45명이었다. 이들은 우간다의 세 과목 교과서를 살펴보고, 자신들이 원하는 과목과 장을 정하여 팀당 3차시를 개발했다. 개발은 주로 방학동안 이루어졌는데, 선발된 학생들 중 적지 않은 수가 서로 다른 지역에 있는 자신들의 집으로 돌아감으로서 협업을 하기가 쉽지 않았다. 그럼에도 학생들은 매우 열정적으로 콘텐츠를 만들었으며, 교내에 있는 스튜디오를 적극적으로 활용한 결과 훌륭한 콘텐츠를 결과물로 제출했다.

이와 같은 제작이 이루어지는 중에 필자는 콘텐츠의 실효성을 파악하기 위해 우간다를 방문해 교사를 포함한 교육 관계자들을 만나 봤다.

여기에는 북부 우간다 난민촌 아주마니(Adianmani) 지역 소재 초등학교와 방과 후 학교 교사들, 역시 남수단 난민촌 모요(Moyo) 지역의 느야와(Nyawa) 초등학교 교사들, ICT 교육 관련 선교사, 글루의 호이(Hoe) 한국인 단원들, 파보(Pabo) 지역에서 유치원과 초등학교를 운영하는 선교사, 수도 캄팔라에서 유치원과 초등학교를 운영하는 선교사, 호텔에서 우연히 교육 콘텐츠를 보고 자신의 고향에 이를 보급하길 바란다며 메일을 보낸 지역 활동가 등이 포함된다. 이들은 데모판 교육 콘텐츠를 직접 보고 한결 같이 교육 콘텐츠가 매우 필요하다는 이야기를 했는데, 특히 손을 놓지 않고 계속해서 악수를 하며 좋은 콘텐츠를 제공해 주려 해서 고맙다는 말을 반복했던 느와야 초등학교 교장 선생님, 절대 실망시키지 않겠다며 내 손을 꼭 잡았던 교감 선생님의 모습은 교육 콘텐츠 제작을 향한 노력이 결코 헛되지 않았음을 증명하고도 남음이 있었다.[3]

　이러한 사실을 통해 보았을 때, 설령 필자가 우간다에서 만났던 사람들과 관련된 지역 학교 외의 다른 어떤 곳에서도 사용되지 않게 된다고 해도, 교육 콘텐츠 제작은 그것만으로도 충분히 그 가치를 실현할 것이라 말할 수 있을 것이다. 하물며 훨씬 많은 학교들이 이를 활용할 가능성이 있다면 더 말할 것도 없을 것이다.

---

3) 이 글에서 아쉬운 점은 심층면접, 만족도 평가 등을 통해 현지인들의 반응을 보이고 있지 못하다는 것인데, 필자가 글을 쓸 것을 염두에 두고 현지를 방문한 것이 아니었고, 방문 기간 또한 짧았으며, 난민촌에 체류하면서 교육 콘텐츠 사업에 관한 제 문제들을 확인하는 것이 가능하지 않기 때문에 다소 불가피한 측면이 있었다. 그럼에도 일단 콘텐츠가 보급이 되면 사업의 의미와 효과 등을 구체적으로 보이기 위해 또 다른 연구를 진행할 계획으로 있다.

3) 가능한 교과 개발

　처음에 개발하고자 했던 교과목은 우간다의 1~3학년 수학, 과학, 영어였고, 실제로 이 과목의 콘텐츠가 총 30개 만들어졌다. 그런데 지금은 계획을 다소 변경하여 우간다의 4학년 과학부터 개발하고, 이어서 5~7학년 과학 과목을 개발해서 보급해 보려 하고 있다. 이처럼 과학에 집중하려는 이유는 동영상을 이용한 과학 수업이 직접 눈으로 볼 수 없어 막연하게 관념적으로 이해할 수밖에 없는 내용들을 시청각적으로 보여줌으로써 훨씬 구체적인 이해를 도모할 수 있기 때문이다. 과학 외에도 콘텐츠 개발이 가능한 과목이 적지 않은데, 수학과 영어는 다음 단계로 개발할 계획을 하고 있는 교과목들이다. 이러한 교과목의 콘텐츠 개발을 위해서는 사전 조사가 필요할 것이고, 이와 같은 조사에 준하여, 자금이 확보되는 대로 개발의 수준을 결정할 것이다. 이러한 세 과목 외에도 다른 과목, 예컨대 음악, 미술, 보건 등에 대한 콘텐츠도 제작이 가능하며, 유치원 아동 대상의 콘텐츠 또한 만들어질 수 있다. 이밖에 중등 과정도 시청각적인 자료가 필요할 경우 개발을 시도해 볼 수 있을 것이다.

　정규 교과 과정의 교육 콘텐츠와는 별개로 생각해 볼 수 있는 것은 여성 인권 등 그 나라에 필요한, 성인들을 대상으로 한 교육 콘텐츠다. 물론 라즈베리 파이와 빔 프로젝트 등의 장비가 보급되면 굳이 교육 콘텐츠를 따로 제작하지 않고서도 인권 교육 등에 활용할 수 있는 자료들을 유튜브 등에서 찾아서 활용할 수 있다. 그럼에도 그러한 자료들이 특정 국가의 특정 문화에 부합되는 프로그램이 아니어서 많은 도움이 되지 못할 경우, 그 지역 전문가들의 자문을 받아 꼭 필요한 내용이 무엇인지를 선별하고, 이를 어떻게 전달하는 것이 효과적인지를 따져서 콘텐츠를 제작해 볼 수 있을 것이다. 이 경우 콘텐츠는 일반 대중을 대상으로 제작된 유튜브 등에 올라와 있는 자료들에 비해 그 지역 사회의 사람들에게 더 많은 도움이 될 수 있을 것이다.

이와 같은 교육 콘텐츠를 우리나라에서 모두 제작할 필요가 없음은 물론이다. 실제로 우리나라에서의 작은 노력이 해당 국가에서 받아들여져 그 나라 사람들이 직접 콘텐츠 제작과 보급에 나선다면 굳이 우리가 나서지 않아도 된다. 그럼에도 이를 위한 계기를 만들고자 하는 노력은 중요하며, 이러한 역할을 하는 것만으로도 교육 콘텐츠 개발·보급은 충분히 의미를 갖는다고 말할 수 있다.

4. 문제가 될 수 있는 점과 보완 방법

그런데 아무리 교육 콘텐츠 제작·보급 활동이 의미가 있다고 해도, 만약 교육 콘텐츠를 현지에서 적절히 활용할 수 있는 방법이 없다면 무용지물로 전락할 수밖에 없다. 또한 이러한 콘텐츠를 제작하는 봉사자가 활동에 별다른 의미를 찾지 못한다면 이 또한 고려해야 할 사항이라 할 것이다. 이번에는 교육 콘텐츠 제작에서 문제가 될 수 있는 점을 국내에서 제작하면서 발생할 수 있는 문제와 현지에서 활용할 때 나타날 수 있는 문제로 나누어 생각해 보도록 하자.

1) 현지에서의 콘텐츠 보급·활용과 관련된 문제

가. 콘텐츠 보급·확산 방법

위에서 필자가 우간다에서 만났던 사람들과 관련된 교육 기관에서만 교육 콘텐츠가 활용되어도 나름의 의미가 있다고 말했지만 그럼에도 그 정도로는 부족하다고 생각할 수 있다. 그 정도가 부족하다고 생각하는 사람들은 이러한 콘텐츠를 널리 보급하는 방법이 있는지에 대해 궁금해 할 것이다. 콘텐츠의 확산은 어떤 방법으로 이루어질 수 있을까?

확산에 대한 생각은 사람마다 차이가 있을 수 있다. 어떤 사람은 확산보다는 초석 다지기에 힘써야 한다고 생각할 수 있고, 또 다른 사람은 확산 자체가 중요하다고 생각할 수 있다. 어느 쪽이 중요하건 확산의 방법으로 생각해 볼 수 있는 것은 먼저 현지 선교사 등의 종교인들에게 도움을 받는 것이다. 빈곤 국가에는 종교 단체에서 운영하는 학교들이 적지 않은데, 만약 이러한 단체의 도움을 받을 수 있다면 교육 콘텐츠 확산은 별다른 어려움 없이 이루어질 수 있을 것이다. 다음으로 생각해 볼수 있는 확산에 도움이 될 수 있는 대상은 해당 국가의 교육 관계자들, 특히 지역 교육청이다. 빈곤 국가들 중 상당수의 부패 지수가 매우 높다는 사실을 감안한다면 관계자들이 아무런 대가 없이 도움을 주지 않으려 할 수도 있다. 그럼에도 적절한 인물을 소개 받을 수만 있다면 교육 콘텐츠 확산이 어렵지만은 않을 것이다. 마지막으로 생각나는 것은 유니세프, 세이브 더 칠드런 등의 구호단체들이다. 이러한 단체들에 속해 있는 적절한 인물의 도움을 받을 경우 콘텐츠 확산은 그리 염려할 문제가 아니다.

나. 콘텐츠 활용 장비 부재

다음으로 문제가 될 수 있는 것은 막상 교육 콘텐츠가 개발된다고 하더라고 이를 활용할 수 있는 방법이 마땅치 않을 수 있다는 것이다. 만약 학교 등 교육 시설에 전기가 들어오고 컴퓨터가 여러 대 설치되어 있다면 콘텐츠를 볼 수 있겠지만 어려운 지역의 아동들이 다니는 학교에는 많은 경우 아예 전기가 들어오지 않으니 달리 콘텐츠를 볼 수 없는 방법이 없다. 이러한 문제는 어떻게 해결할 수 있을까?

이 문제는 교육 콘텐츠 개발 보급 사업의 사활이 걸린 문제다. 만약 교육 콘텐츠를 활용할 수 있는 곳이 오직 전기가 들어오는, 그리고 어느 정도 교육 인프라가 갖추어져 있는 곳에 한정된다면 사업이 달성하고자 하는 소기의 목적, 다시 말해 어려운 상황 속에서 살아가고 있는 학생들에게 교육의 측면에서 도움을 주겠다는 의도가 퇴색해 버리고 말 것이다. 교육 소외 지역 아동들이 제대로 교육을 받게 하기 위해서는 그곳 아동들이 어떻게든 콘텐츠를 사용할 수 있도록 방안을 마련해야 하는데, 이는 간단한 문제가 아닐 수 있다.

이와 같은 고민은 스마트빔, 라즈베리파이 PC, 전자칠판, 태양전기 등을 이용하여 멀티미디어 교실을 구성하는 방법을 통해 해결할 수 있다. 먼저 스마트빔에 대해 간단하게 소개하자면 과거에는 빔 프로젝터

주제 중심의 시민교육 방법 탐색

의 가격이 부담이 되는 편이었기 때문에 가난한 학교에서 이를 구입하는 것이 다소 버거울 수 있었다. 그럼에도 컴퓨터와는 달리 빔 프로젝터를 활용할 경우 많은 아동들이 한꺼번에 교육 콘텐츠를 볼 수 있으며, 이 때문에 단순히 보고 듣는 수업용으로 활용하기에는 상대적으로 이점이 있다. 적어도 비용 면에서는 그러한데, 최근 들어 고비용이 아니면서 심지어 전기가 없어도 충전을 통해 활용할 수 있는 빔 프로젝터인 스마트 빔이 시판되고 있다. 무엇보다도 스마트 빔은 핸드폰 충전기를 통해 전원을 공급받거나 내장 배터리 또는 보조 배터리를 사용할 수 있는데, 이러한 특성을 갖춤으로써 스마트 빔은 일반 전기를 사용하지 못할 경우에도 활용이 가능하며, 소형이라 보관 및 이동이 쉬운 장점이 있다. 이러한 스마트 빔은 교육 콘텐츠를 적절히 활용할 수 있는 필요조건이 될 것이다.

다음으로 라즈베리 파이 PC는 영국의 라즈베리 파이 재단이 학교와 개발도상국에서 기초 컴퓨터 과학 교육을 하기 위해 개발한, 신용카드 크기의 리눅스 OS 기반 싱글 보드로 이루어진 매우 저렴한 컴퓨터로, 일반 노트북, 데스크 PC, 타블렛 PC 등을 대체할 수 있다. 이와 같은 라즈베리 파이에 외장하드와 스마트 빔을 연결하는 장치를 마련할 경우, 외장하드에 담긴 교육 콘텐츠를 볼 수 있게 된다. 한편 전자칠판은 한국의 '빅노트'로 불리는 장비인데, 이를 이용하면 빔프로젝트 화면을 전자칠판처럼 사용할 수 있고, 마지막으로 소용량 솔라 전기 시스템은 스마트 빔, 라즈베리파이 PC, 보조배터리를 충전할 수 있는 시스템으로, 전기가 들어오지 않는 학교에서도 멀티미디어 교육을 할 수 있는 장점을 갖는다. 만약 이와 같은 장비들을 이용하는 비용이 상당하다면 교육 콘텐츠를 이용한 수업은 유명무실해질 수 있다. 하지만 이 모두를 구입하는 비용은 생각보다 많지 않으며, 따라서 개발된 콘텐츠 활용에는 별다른 문제가 없다.[4]

이와 같은 장비의 활용은 교과 과정 동영상뿐만 아니라, 학생들에게 도움이 될 수 있는 다른 교육 자료를 보는 데에도 활용될 수 있다. 아예 비교과 과정이 교과 과정을 대체해서는 안 되고, 그럴 수도 없지만 그럼에도 이러한 장비는 학생들의 정서 함양이나 지적인 욕구 충족 등 다양한 즐거움과 의미를 주는 자료를 보는 데에도 도움이 될 수 있을 것이다. 예를 들어 이는 과학이나 역사와 관련한 다큐멘터리, 영화뿐만 아니라 K-팝 안무 등을 배우는 데에도 활용될 수 있다.

다. 현지 교사들이 활용하지 않을 가능성

문제가 될 수 있는 또 다른 한 가지는 콘텐츠를 제작해서 보급했는데 현지에서 제대로 활용하지 않는 등의 문제가 발생하는 경우다. 예를 들어 교육 콘텐츠와 라즈베리 파이, 그리고 빔 프로젝터 등을 제공했음에도 막상 활용이 제대로 이루어지지 않는 경우, 혹은 장비나 교육 콘텐츠들이 분실되는 경우가 발생할 수도 있다. 이와 같은 경우가 아닐지라도 교사들이 새로운 것에 대한 부담이나 교육 실정에 맞지 않는 등의 이유를 들어 콘텐츠를 외면하는 경우도 있을 것이다.

---

4) 현지 ICT 교육 전문가가 산출한 교육 콘텐츠 시청을 위한 장비 보급에 드는 비용은 대략 60~80만원 사이였다.

먼저 해당 국가의 교육 실정에 맞지 않을 수 있다는 문제는 이를 미연에 방지하기 위해 데모판 교육 콘텐츠를 현지 교사를 포함한 교육 관계자에게 보내서 사전에 최대한 객관적인 평가를 받아야 할 것이다. 물론 평가를 한 교육 관계자들이 해당 국가 교육 일반을 대변하지 못할 수 있고, 이에 따라 교육 콘텐츠에 대한 평가가 어느 정도 한계를 가질 수 있다.

그럼에도 접촉이 가능한 여러 곳에 콘텐츠를 보내서 장단점, 사용 가능 여부 등에 대한 종합적인 진단을 받는다면 해당 국가 교육 실정에 부합되는 콘텐츠를 만들어낼 수 있을 것이다. 백 번 양보하여 여러 문제들을 고려해 보지 않은 채 현지 일부 사람들의 평가를 곧이곧대로 받아 들여 교육 콘텐츠를 개발한다고 해도, 또한 이러한 콘텐츠가 다소 어설프게 제작되었다고 해도, 교육 소외 지역의 상황을 감안한다면 이러한 콘텐츠는 적절하게 사용될 수 있을 것이다. 실제로 필자가 우간다에 가서 만난, 데모판 샘플 영상을 본 난민촌을 비롯한 극빈 지역의 교육 관계자들과 학생들은 입을 모아 콘텐츠가 하루빨리 도입되길 바랐고, 자신들의 교육에 많은 도움이 될 것임을 강조했다. 가난한 지역에서 이루어지고 있는 수업 방식으로 미루어 보았을 때, 그들의 이야기는 그저 입에 발린 말은 아닐 것이다.

그럼에도 빈곤 국가 교사들에 대한 처우를 고려해 보았을 때, 그들이 콘텐츠 사용을 주저할 가능성은 있다. 이는 국내에서도 어느 정도 살펴볼 수 있는 현상인데, 설령 좋은 콘텐츠가 있어도, 새로운 과정을 이해하고 수업에 적용하는 것이 불편하거나 귀찮아서 기존의 자신의 수업 방식을 고수할 수 있는 것이다. 이는 실제로 일어날 수 있는 일로, 애써 콘텐츠를 개발했음에도 이것이 무용지물이 되어 버리면 이를 만들기 위한 노력이 허사가 되어버릴 것이다.

이러한 문제에 대한 대비책으로 생각해 볼 수 있는 방법은 지원한 학교나 기관에게 중간 점검표를 정기적으로 작성해서 보내도록 요청하는 것이다. 이러한 점검표를 통해 제대로 콘텐츠를 활용하고 있음이 확인될 경우 추가적인 콘텐츠를 보내고, 그렇지 않을 경우에는 콘텐츠 보급을 중단하고 콘텐츠를 보는 데에 필요한 장비를 회수한다고 가정해 보자. 이때 콘텐츠를 반드시 활용하고자 하는 학교나 기관 등은 콘텐츠 사용을 뒷받침하는 중간 점검표를 계속 보내주게 될 것이며, 이를 콘텐츠를 사용하는 증거로 판단하면 될 것이다. 이러한 점검표에 단지 활용 여부뿐만이 아니라 콘텐츠에 관련된 다른 정보도 담을 경우, 관련 사업이 제 궤도로 나아가는 데에도 도움이 될 수 있다.

마지막으로 도난 등으로 장비 등이 분실되는 경우에는 더 이상 콘텐츠를 활용할 수 없게 되는데, 굳이 "지도자들과 간부급 인재들의 부패 또는 전쟁으로 인한 사회조직의 와해 등으로 공공기관이나 행정체제가 극도로 약화된다"는 주장(지글러, 2013: 58)을 들먹이지 않더라도 빈곤국가들의 빈곤 혹은 부패의 정도 등을 미루어 보았을 때 도난이나 분실의 가능성을 완전히 배제할 수는 없다. 그럼에도 교육 콘텐츠와 장비는 교육 인프라를 갖추기 위해 컴퓨터 등을 보급하는 경우와는 비교가 되지 않을 정도로 비용이 들지 않는다. 특히 교육 콘텐츠는 원본만 있으면 얼마든지 재활용이 가능하기 때문에 분실이 되어도 별다른 문제가 없

주제 중심의 시민교육 방법 탐색

고, 장비는 모두 합해도 그리 큰 비용이 아니다. 때문에 분실 때문에 초래되는 손실에 대해서는 크게 걱정할 필요가 없다. 그럼에도 도난이나 분실 등의 문제를 예방하기 위한 한 가지 방안은 교육 콘텐츠를 활용하고자 하는 곳에 장비와 콘텐츠 도난 방지 대책을 요청하는 것, 장비가 도난되거나 분실될 경우 콘텐츠를 더 이상 보급하지 않는 등의 조치를 취할 것임을 사전에 알리는 방법을 생각해 볼 수 있을 것이다.

2) 국내에서 콘텐츠를 제작하면서 발생할 수 있는 문제

가. 봉사 인력 확보

교육 콘텐츠 제작 보급 사업은 그리 작은 사업이 아닐 수 있다. 한 학년 특정 과목의 콘텐츠를 개발하는 데에도 적지 않은 차시의 영상을 준비해야 하고, 외국어 자막과 더빙이 필요하다는 점 등을 감안해 보았을 때 처음에는 봉사자들이 열정을 가지고 시작할지 몰라도 얼마 있지 않아 동력이 쇠하면 콘텐츠 제작 보급 사업이 중단될 가능성을 배제할 수 없다. 아무리 의도가 좋고 훌륭한 결과가 산출된다고 해도, 만약 이를 제작하는 사람이 없으면 결국 사업은 포기할 수밖에 없게 된다.

이에 대한 대비책으로 생각해 볼 수 있는 것은 '우리'만이 제작해야 한다는 생각을 버리는 것이다. 다시 말해 더 많은 사람들이, 더 많이 동참을 할 수 있도록 문호를 개방하여, 누구나 관심이 있는 사람들이면 콘텐츠를 제작할 수 있도록 할 경우 봉사 인력이 확보될 수 있으리라는 것이다. 이와 같은 생각으로 봉사자를 확보하려고 할 경우, 우선 전국의 교대에 다니는 학생들을 대상으로 봉사자를 모집하는 방법을 생각해 볼 수 있다. 오늘날은 SNS를 이용해 사이버 공간에서 만날 수 있는 방법이 적지 않기 때문에 콘텐츠 제작은 굳이 함께 모이지 않아도 가능하며, 학교별로도 콘텐츠를 만들어낼 수 있다. 나아가 교대생들 뿐만이 아니라 종교나 교사 모임 등을 찾아내려 하면 콘텐츠를 제작하는 사람들을 구하는 것이 그리 어렵지만은 않을 것이다. 또한 시선을 돌려 우리나라 외의 OECD 국가의 교대생이나 교사들에게도 동참을 유도하고, 이들이 실제로 함께 할 경우 콘텐츠 제작 보급은 가속도가 붙을 수 있다. 특히 영어권과 불어권 국가의 교사와 교대생들은 자신들의 언어로 콘텐츠를 제작할 수 있기 때문에 국내의 교대생들에 비해 제작이 용이하다. 만약 이처럼 전 세계의 많은 교사, 교대생들이 동참하게 될 경우 최빈국으로 분류되는 여러 국가들에 교육 콘텐츠를 제작·보급함으로써 그러한 나라들의 교육 발전에 기여할 수 있게 될 것이다.

나. 학생들의 보람

봉사활동의 초점을 봉사 대상보다는 봉사자에 둔다고 할 경우, 교육 콘텐츠 제작은 직접적인 해외 봉사활동에 비해 긍정적인 영향력이 상대적으로 덜할 수 있다. 실제로 직접 봉사 대상을 만나는 경우와 이러한 대상을 구체화하지 않으면서 막연하게 돕는 경우 중에서 봉사자에게 더 커다란 영향을 산출하는 쪽을 선택하라고 하면 아마도 후자보다는 전자를 선택하는 경우가 많을 것이다. 김남준(2018: 360)이 밝히고 있듯이 "학생들이 해외 원조의 의무의 중요성을 인식하고 실천할 수 있는 역량을 함양하는 것을 목표로 삼는" 도덕 교육에 초점을 맞춘다면 직접 빈곤 국가를 방문해서 봉사활동을 하는 것이 비교 우위에 있다고 생각할 여지가 있다.

그럼에도 만약 봉사활동이라는 표현을 쓰고자 한다면 우리는 '봉사'의 사전적 의미가 '받들어 모심'이라는 사실을 기억해 둘 필요가 있으며(김성한, 2016: 164), 나의 이익을 우선적으로 고려하는 것을 받들어 모심이라고 이야기하는지, 아니면 모시는 사람의 안위를 우선적으로 고려하는 것을 그렇게 말하는지를 따져 볼 필요가 있다. 우리가 봉사라는 단어를 사용하고자 한다면 적어도 봉사자보다는 봉사 대상에게 미칠 영향을 우선적으로 고려해야 하는 것이다. 한영태(2009: vii)가 지적하고 있듯이 "최근의 봉사활동은 당초의 '나눔과 섬김', '존중과 배려'라는 봉사정신이 점차 퇴색"해 가고 있는데, 이는 반드시 짚고 넘어가야 할 문제다.

이와 같은 논의와는 별개로, 교육 콘텐츠 제작이 봉사자에게 미치는 영향이 실제로 미미한 지, 만약 그러하다면 이를 보완하기 위해 어떻게 해야 하는지도 생각해 볼 필요가 있다. 앞에서의 논의로 미루어 보았을 때, 교육 콘텐츠 제작·보급은 직접적인 해외 봉사 이상의 긍정적인 효익을 산출할 가능성이 큰데, 봉사자들에게 이의 구체적인 내용을 비교적 상세하게 설명해 준다면 봉사자들이 느끼는 만족감은 그러한 설명이 없는 경우보다 훨씬 커질 수 있을 것이다.

이러한 설명이 없어도 봉사자들이 뿌듯함이나 자부심을 느끼게 하는 방법이 없는 것도 아닌데, 예를 들어 콘텐츠를 제작해서 보급한 후 보급된 학교나 기관에서 사용하는 모습을 찍은 사진을 현지에서 보내주거나 수업을 듣는 아동들이 느낌을 써서 보내주는 등의 조치를 취할 경우, 봉사자들의 만족감은 배가될 수 있을 것이다. 실제로 필자가 우간다 방문 당시 교육 관계자들에게 콘텐츠를 보여 주는 사진과 반응을 콘텐츠를 제작하는 학생들에게 보내줬는데, 이때 그들은 자신들이 매우 고무되었고, 더욱 열심히 만들겠다는 의지를 다지게 되었다는 말을 했다. 만약 이러한 격려 방법이 쓰임새가 있다면 학생들의 보람 문제는 특별히 문제가 되지 않을 것이다. 심지어 봉사자들이 당장 별다른 보람을 느끼지 못한다고 하더라도 그것은 크게 문제가 되지 않는다. 그 이유는 공리주의에서 어떤 상황이 산출하는 쾌락과 고통을 판정할 때 요청하는 지식과 지혜를 겸비한 이상적 관찰자의 관점을 취할 경우, 봉사자들이 애초에 느끼지 못했던 보람을 느낄 수 있을 것이기 때문이다.

5. 교육 봉사 활동을 통한 세계시민의 인성 계발 방향

지금까지 필자는 교사와 교대생의 해외 원조 방법으로서의 교육 콘텐츠 개발 보급 사업에 대해 이야기했다. 대략적으로 말해 교육 콘텐츠 개발·보급 사업이란 제3세계 국가의 교과서를 국내로 가져와서 이를 분석하고, 이를 바탕으로 교안, PPT, 영상을 제작하여 그 국가의 수요 지역 교육 기관에 보급하는 사업을 말한다. 이러한 사업은 ①해당 국가, ②봉사자, 그리고 ③우리나라라는 세 가지 차원에서 긍정적인 면을